Bischofsresidenz Burg Ziesar

Veröffentlichungen des Museums
für brandenburgische Kirchen- und Kulturgeschichte des Mittelalters
Band 1

Clemens Bergstedt, Thomas Drachenberg und Heinz-Dieter Heimann (Hg.)

Bischofsresidenz Burg Ziesar

Das Haus – Das Denkmal – Das Museum

Lukas Verlag

Die Erstellung dieser Informationsschrift wurde im
Rahmen der Öffentlichkeitsarbeit anteilig aus Mitteln
der Stadterneuerung des Landes Brandenburg
sowie des Bundes gefördert.

© by Lukas Verlag
Erstausgabe, 1. Auflage 2005
Alle Rechte vorbehalten

Lukas Verlag für Kunst- und Geistesgeschichte
Kollwitzstraße 57
D–10405 Berlin
http://www.lukasverlag.com

Redaktion: Mario Müller, Universität Potsdam
Umschlag: Sebastian Richter, Fachhochschule Potsdam
Photographie: Jan Stradtmann, Potsdam
Reprographie und Satz: Lukas Verlag
Druck: Elbe Druckerei Wittenberg
Bindung: Stein + Lehmann, Berlin

ISBN 3–936872–41–4

Inhalt

Sponsoren

Anhang

Grußwort

Würde man eine Umfrage starten, was mit dem Namen »Ziesar« in Verbindung gebracht wird, so würde ein Großteil der Befragten womöglich an die Autobahnabfahrt auf der Strecke Magdeburg – Berlin denken und hohes Verkehrsaufkommen oder gar Unfallmeldungen assoziieren. Andere Befragte hätten in der Gewißheit, »Caesar« verstanden zu haben, sofort an den großen Römer gedacht. Vermutlich wenigen wäre die ehemalige Bischofsburg, eine farbig reich ausgemalte Schloßkapelle oder eine ehemalige Klosteranlage in der kleinen Stadt im äußersten Westen Brandenburgs in den Sinn gekommen. Selbst der Kunstreiseführer verweist nur auf dürre, nüchterne Fakten, beispielsweise daß von der ehemaligen Residenz der Bischöfe von Brandenburg der Rundturm der Vorburg aus dem 15. Jahrhundert und der Bergfried der Hauptburg mit kuppelartigem Helm aus dem 16. Jahrhundert erhalten ist. Derjenige jedoch, der die kleinen, nicht im Reiseführer vermerkten Sehenswürdigkeiten zu erkunden sucht und Ziesar vielleicht schon besucht hat, weiß sofort den richtigen Hinweis zu geben.

Dennoch ist es Tatsache: Ziesar und seine Burg sind noch immer ein Geheimtip! Die Betonung liegt freilich auf dem »noch«, denn ab 2005 wird dieser für Brandenburgs mittelalterliche Geschichte so bedeutsame und an baulichen Zeugnissen dieser Zeit so reiche Ort jeden Geschichts- und Kulturinteressierten zu einem Besuch einladen. Die Arbeiten der Denkmalpfleger, Bauforscher, Archäologen, Historiker, Architekten und Museumsexperten, die sich seit mehreren Jahren diesem Ensemble baulicher Anlagen aus der Zeit der Brandenburger Bischöfe intensiv widmen, haben Bemerkenswertes an das Tageslicht gebracht.

Die mittelalterliche Residenz der mächtigen Bischöfe Brandenburgs bietet bei näherer Betrachtung beeindruckende Einblicke in die Geschichte eines Baus, die Lebensgewohnheiten, Repräsentationsbedürfnisse und Wohnkultur seiner Nutzer, die Bild- und Formensprache

des Mittelalters und in die frühe Geschichte des Christentums und der Besiedlung Brandenburgs. Diese Reise in eine wechsel- und geheimnisvolle Geschichte einer Bischofsburg, die eigentlich schon mit der Reformation ihre Glanzzeit überschritten hatte, wird ab 2005 in einem der jüngsten Museen der Region nachzuvollziehen sein. Einem Museum, das in dieser Art einzigartig sein wird und zwischen Magdeburg, Brandenburg, Potsdam und Berlin die Geschichte der frühen Entwicklung und Christianisierung Brandenburgs erstmalig für ein Museumspublikum erhellen wird.

Das Denkmal Bischofsburg in seiner baulichen Hülle wie in seinem Innenleben wird das wichtigste Exponat des Museums sein. Den Denkmalpflegern und Bauforschern hat sich die Burg faktisch bis auf das Skelett preisgegeben und viele ihrer Geheimnisse verraten. Ein Erlebnis, das selbst diese Experten nicht jeden Tag haben. Eine Reise, die viele Informationen bot, die in keinem Archiv nachzulesen oder von niemandem zu berichten waren. Damit auch das interessierte Publikum, Fachleute wie Laien, an dieser eindrucksvollen Erkundung teilhaben können, wurde eine Baumonographie erarbeitet, die nunmehr vorliegt. Diesem Buch seien wie auch dem zukünftigen Museum viel Zuspruch, Neugierde und großer Erfolg vergönnt. Möge es das Interesse für den reichen Schatz mittelalterlicher Baukunst in Brandenburg erhalten, bewahren und fördern. Möge es umfassend vermitteln, daß Brandenburgs Geschichte auch vor dem Großen Kurfürsten faszinierende Kapitel aufzuweisen hat und Ziesars Burg ein kostbares Zeugnis dieser Geschichte ist.

Prof. Dr. Johanna Wanka
Ministerin für Wissenschaft, Forschung und Kultur des Landes Brandenburg

Vorwort der Herausgeber

Einem Baudenkmal wie der Bischofsresidenz Burg Ziesar in Buchform gleichsam ein Denkmal zu setzen, verbindet die hier beteiligten Herausgeber: Das Brandenburgische Landesamt für Denkmalpflege und Archäologische Landesmuseum in Wünsdorf und die Bischofsresidenz Burg Ziesar, Museum für brandenburgische Kirchen- und Kulturgeschichte des Mittelalters, mit dem Historischen Institut der Universität Potsdam, Professur für Mittelalterliche Geschichte. Beide Seiten und alle drei Partner tragen in ihrer Weise Verantwortung für den Weg der Umnutzung der Burg Ziesar und ihre Wieder-Aneignung als BURG, als DENKMAL, als MUSEUM.

Das vorliegende Buch macht den Weg, die Träger und die Arbeitsfelder der neuen Erschließung der Burg Ziesar bis zum Profil ihrer Einrichtung und des Ausstellungskonzepts im Spiegel von spezifischen Bilddokumenten, Plänen, Skizzen und Ansichten nachvollziehbar.

Das HAUS: Wie läßt sich die Umnutzung einer ungenutzten Burg finanzieren? Die Antwort führt in die Programme der Stadtsanierung und in den städtischen Haushalt. Die systematische Untersuchung und die Darstellung der Baugeschichte der Burg, die Erschließung der Inschriften und schließlich die rekonstruierende Beschreibung historischer Gärten und Parks unterstreichen die Bedeutung der Burg in der Kulturlandschaft.

Das DENKMAL: Die Burg, die Bischofsresidenz, das Domänenamt und die Schulnutzung haben Schichten auf dem Denkmal abgelagert, Geschoßhöhen und Raumstrukturen erzeugt und wieder verändert. Hier werden Entdeckungen beschrieben, Interpretationen nachvollziehbar und Grundlegendes sichtbar gemacht. Den Baudenkmalpflegern und Restauratoren folgte der Architekt, angesiedelt an der Schnittstelle zwischen alten und neuen Qualitäten und Nutzungen.

Das MUSEUM: Im »Zwei-Wege-Modell« dokumentiert sich der Anspruch, in besonderer Weise dem Baudenkmal, der Authentizität der Bischofsresidenz und dem Thema der historischen Ausstellung zu genügen. Das wiederum bedingte ein Design, das den fachwissenschaftlichen Vorgaben entsprach und das Denkmal und seine Geschichte respektierte und zugleich herausstellte.

Die Herausgeber haben Dank zu sagen: Voran jenen, die die Steine sprechen ließen, alte umdrehten und neue setzten, also Zeit-Fenster öffneten. Wir danken den Autoren und für die umsichtige wie fachkundige Bild- und Textredaktion Herrn Mario Müller. Allen sei schließlich empfohlen, das Buch bis zur letzten Seite aufmerksam zu lesen, um so auch jenen zu danken, deren finanzielles Engagement die Veröffentlichung mit ermöglicht hat.

Die in diesem Buch vorgelegten Ergebnisse sind grundlegend, aber nicht abschließend. Sie beschreiben aus verschiedenen Perspektiven die Annäherung an die Burg Ziesar mit ihren verschiedenen Nutzungen, die uns Heutigen allen Respekt abverlangt.

Dr. Clemens Bergstedt, Kurator des Museums Bischofsresidenz Burg Ziesar
Prof. Dr. Heinz-Dieter Heimann, Universität Potsdam, Vorsitzender des wissenschaftlichen Beirats des Museums Bischofsresidenz Burg Ziesar
Prof. Dr. Detlef Karg, Direktor und Landeskonservator des Brandenburgischen Landesamtes für Denkmalpflege und Archäologisches Landesmuseum

Vorwort des Amtsdirektors und des Bürgermeisters der Stadt Ziesar

Eine Stadt investiert in ihre Geschichte! Und diese Geschichte trägt heute neue Früchte. Die Chance dazu bot die Burg Ziesar. Am Anfang stand manche Skepsis, bis der Funke zündete: Die Burg als Bischofsresidenz ist einzigartig und die Bischofsresidenz als Museum ist ein Stück Zukunft für Ziesar.

Ein solch komplexes Projekt zu gestalten, verlangte einen langen Atem, viele Pläne, Skizzen und Rechenmodelle. Deshalb war die frühzeitige und sachkundige Hilfe vor allem des Sanierungsträgers – der ews Stadtsanierungsgesellschaft Berlin mit ihrem Geschäftsführer Walter Bitzer –, des Ministeriums für Wissenschaft, Forschung und Kultur des Landes Brandenburg und des Landkreises Potsdam-Mittelmark bei der Frage, wie die Burg umgenutzt werden könne, entscheidend. Hier gelang es im Zusammenspiel, dieses Projekt mit den notwendigen Finanzierungshilfen des Landes, des Bundes und der Europäischen Union in Gang zu bringen. Aus der Vision wurde eine Aufgabe vieler. Entscheidend aber von Anfang an war, daß die politisch Verantwortlichen und die Verwaltung der Stadt Ziesar keine Zweifel aufkommen ließen und über alle Parteien hinweg das Museumsprojekt zu einem Anliegen aller wurde.

Neues zu fundieren hieß zunächst, Altes zu erkunden. Die Burg wurde zum Forschungsobjekt für Bauhistoriker und Denkmalpfleger – eine mitunter staubige Aufgabe. Die frühe Zusammenarbeit der Stadt Ziesar als Bauherrin mit den Denkmalschutzbehörden, der Universität Potsdam und der Fachhochschule Potsdam erwiesen sich als wegweisend für das Museum. Die Burg selbst wurde zum wichtigen Ausstellungsobjekt. Eine Einsicht mit Folgen, in deren Konsequenz ein ständiger Dialog zwischen Architekten, Denkmalpflegern, Bauforschern, Restauratoren, Historikern und Designern einsetzte. Als Ziel verband sie im Kleinen wie im Großen, eine für das Baudenkmal Bischofsresidenz Burg Ziesar angemessene Lösung zu finden. Das Ergebnis ihres Bemühens läßt sich heute nicht nur sehen, sondern auch nachlesen. Die Stadt Ziesar ist allen Beteiligten für dieses Engagement sehr dankbar.

Mit der Burg Ziesar ist der Öffentlichkeit wieder ein Juwel der mittelalterlichen Kultur- und Kirchengeschichte Brandenburgs zugänglich gemacht worden. Als bischöfliche Residenz war die Burg jahrhundertelang ein besonderes geistiges und herrschaftliches Zentrum im mittelalterlichen Brandenburg. Das Haus, das Denkmal, das Museum werfen heute eine neues Licht auf die Stadt Ziesar. Ein Ergebnis, das über den Tag hinaus überzeugt.

Norbert Bartels, Amtsdirektor Ziesar
Dieter Sehm, Bürgermeister der Stadt Ziesar

Das Haus

Ziesar – alte Stadt im neuen Glanz

Walter Bitzer

Bis heute ist die Innenstadt von Ziesar durch das mittelalterliche Stadtbild geprägt. Nicht zuletzt deswegen ist die Stadt seit dem Jahr 2000 Mitglied der Arbeitsgemeinschaft »Städte mit historischen Stadtkernen« des Landes Brandenburg. Damit stellt sich Ziesar in besonderer Weise der Aufgabe, historische Baudenkmale zu erhalten und für die Gegenwart zu erschließen. Bauliche und städtebauliche Denkmale in der Stadt sind:

- die Burg mit allen zugehörigen Gebäuden sowie dem Burgpark
- Heilig-Kreuz-Kirche
- Zisterzienserinnenkloster
- Bardelebenscher Hof
- Haus des preußischen Königs Friedrich II.
- Rathaus
- Ostbahnhof mit allen zugehörigen Gebäuden
- Wohnhäuser Kloster 1, Badstraße 35, Petritor 38, Paplitzer Chaussee 4
- Historische Altstadt mit Petrivorstadt

Förderprogramme

Ab Mitte der 1990er Jahre haben sich die politisch Verantwortlichen der Stadt verstärkt die Bewahrung und Entwicklung der gut erhaltenen städtebaulichen Strukturen zum Ziel gesetzt. Dies betrifft sowohl die Sanierung der vorhandenen Bausubstanz als auch die Erneuerung der städtischen Infrastruktur. Eine wesentliche Voraussetzung, um dieses anspruchsvolle Vorhaben in der erforderlichen Qualität auch finanziell umsetzen zu können, ist die Mitgliedschaft der Stadt in der Arbeitsgemeinschaft der »Städte mit historischen Stadtkernen« des Landes Brandenburg, die seit dem Jahr 2000 besteht, sowie die Aufnahme in das Bund-Länder-Programm »Städtebaulicher Denkmalschutz« im Jahre 2001. Von Beginn an liegen Organisation und Steuerung des Sanierungsprozesses »Altstadt Ziesar« in den Händen der ews Stadtsanierungsgesellschaft mbH, die auf dem Gebiet der städtebaulichen Erneuerung in mehreren Brandenburger Städten tätig ist.

Mit maßgeblicher Unterstützung des Ministeriums für Infrastruktur und Raumordnung (MIR) wurde Ziesar im Jahr 1995 zunächst in das Bund-Länder-Programm »Städtebauliche Sanierungs- und Entwicklungsmaßnahmen« aufgenommen. Das seit 1998 rechtskräftig festgelegte Sanierungsgebiet Altstadt Ziesar, das neben dem mittelalterlichen Stadtkern auch die Petrivorstadt und die Burg umfaßt, ist 32,2 Hektar groß. Das gesamte Sanierungsgebiet liegt innerhalb des noch größeren Denkmalbereiches der historischen Altstadt von Ziesar.

Aufgrund des großen städtebaulichen Erneuerungsbedarfs wurde schnell deutlich, daß die städtebaulichen Sanierungsziele nur dann zügig umsetzbar sind, wenn die Stadt Ziesar aus dem Programm »Städtebauliche Sanierungs- und Entwicklungsmaßnahmen« (Mitleistungsanteil der Stadt 33⅓ %) in das Programm »Städtebaulicher Denkmalschutz« (Mitleistungsanteil der Stadt 20 %) übernommen wird und somit bei gleichem finanziellen Anteil der Stadt ein jährlich größeres Förder- und damit Investitionsvolumen zur Verfügung steht.

Von 1995 bis Ende 2004 sind aus verschiedenen Förderprogrammen (ohne Zuwendungen der Europäischen Union für die Burg) Mittel in Höhe von rund 9,51 Millionen Euro für

Plan der Stadt Ziesar

das Sanierungsgebiet bewilligt worden. Der darin enthaltene kommunale Mitleistungsanteil der Stadt beträgt etwa 2,31 Millionen Euro. Darüber hinaus hatte die Stadt aufgrund einer nur anteiligen Förderung der kommunalen Sanierungsvorhaben (Rathaus, Kloster, Schule, Burgkapelle u.a.) einen Bauherrenanteil von mehr als 400 000 Euro aufzubringen. Die Bereitstellung von im Durchschnitt jährlich ca. 265 000 Euro für die Erneuerung der Altstadt wurde möglich, weil die Stadtverordneten seit etwa zehn Jahren die Bewahrung und Entwicklung der Altstadt langfristig als wichtigste kommunalpolitische Aufgabe ansehen. Nur wenige Städte mit weitaus größeren Einwohnerzahlen, einer höheren Finanzkraft und einem größeren Vermögenshaushalt sind bereit, jährlich einen solch hohen Anteil des Vermögenshaushaltes für die Erneuerung der Altstadt bereitzustellen.

Die Struktur der eingesetzten Fördermittel (einschließlich Landesprogramme und Lottomittel für Stadterneuerungsmaßnahmen) – gegliedert nach den Fördergegenständen der »Förderrichtlinie zur Stadterneuerung '99« – stellt sich für die Jahre 1995 bis Ende 2004 wie in der zweiten Graphik (siehe unten) dar. Die beiden Darstellungen machen u.a. folgende Sachverhalte deutlich:

- Der größte Teil der Fördermittel wurde bisher für die Sanierung von wichtigen Teilen der stadtbildprägenden historischen Bausubstanz, insbesondere der Einzeldenkmale, eingesetzt.
- Die bisher für die Verbesserung der Infrastruktur eingesetzten Mittel (Freifläche Krieger-denkmal, Außenanlagen Kloster, Zufahrt und Parkplatz Burg, Burghof und Spielplatz Burg, Außenanlagen am Bardelebenschen Hof und die beiden ersten Bauabschnitte Breiter Weg / Frauentor) haben – bemessen am eingesetzten Gesamtvolumen – mit 25,9 % einen im Vergleich mit anderen Städten nur geringen Umfang.
- Mit der Aufnahme der Stadt in das Programm »Städtebaulicher Denkmalschutz« im Jahr 2001 ist die jährliche Fördermittelausstattung wieder angestiegen.

Seitens des Landes ist für die Stadt Ziesar eine Verstetigung der Fördermittelausstattung von jährlich 1–1,1 Millionen Euro geplant.

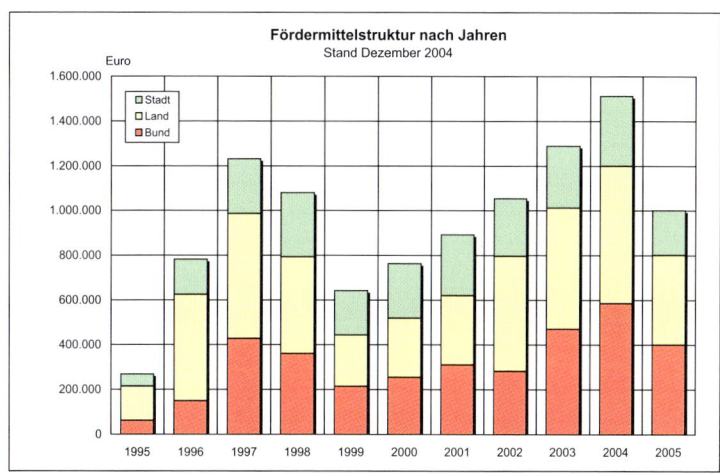

Fördermittel-
struktur
(ohne EU)

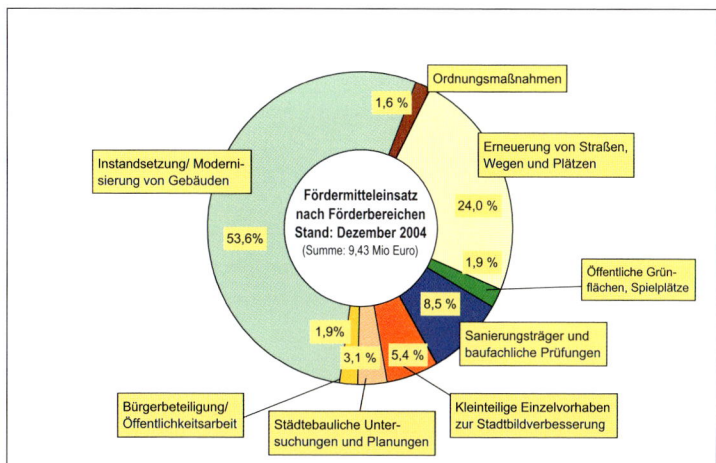

Bereiche der
eingesetzten
Fördermittel
(ohne EU)

Sanierung der Altstadt

Ohne die in den zurückliegenden Jahren erfolgte Konzentration des Fördermitteleinsatzes auf die zu großen Teilen vom Verfall bedrohte historische Bausubstanz hätte die Stadt innerhalb weniger Jahre wichtige Teile der sie prägenden historischen Bausubstanz ganz oder teilweise verloren. Anhand der nachfolgenden Sanierungsbeispiele soll die Rettung der Einzeldenkmale verdeutlicht werden.

Die mit einem Investitionsvolumen von rund 1,25 Millionen Euro in den Jahren 1997/98 durchgeführte Sanierung des Einzeldenkmals Zisterzienserinnenkloster ist aus baulicher und finanzieller Sicht eines der bisher umfangreichsten Einzelvorhaben. Die bauliche Hülle und der Innenausbau des ehemaligen Klosters sind mit rund 75 % der förderfähigen Kosten aus Mitteln des Programms »Städtebauliche Sanierungs- und Entwicklungsmaßnahmen« gefördert worden. Im Kloster entstanden vier Wohnungen mit insgesamt 410 m² Wohnfläche. Die Winterkirche (evangelische Pfarrkirche) und die weiteren Räume der Kirchengemeinde im Kloster wurden restauriert. Die Förderung der soziokulturellen Nutzungen erfolgte über eine zum damaligen Zeitpunkt noch notwendige Ausnahmegenehmigung des Ministeriums für Infrastruktur und Raumordnung.

Der Bardelebensche Hof wurde 1550 vom Brandenburger Bischof Joachim von Münsterberg (1545–60) an die Herren von Bardeleben übereignet. Das Wohnhaus errichtete die Familie Ende des 16. Jahrhunderts. Es ist neben der Burg der älteste erhaltene Profanbau der Stadt sowie eines der größten und ältesten Fachwerkhäuser der Region. Bei den zwischen 2002 und 2004 durchgeführten Sanierungs- und Umbauarbeiten wurde festgestellt, daß der Ostgiebel noch über die bauzeitlichen Ausmauerungen von etwa 1585 verfügt. Die lebhafte ziegelrot-grüne Farbgebung der Fassade erfolgte auf der Grundlage der restauratorischen Befunde. Nach einer alten Ansicht wurden die Fenster als Kreuzstockfenster erneuert. Die »Deutsche Stiftung Denkmalschutz« hat die Sanierungsmaßnahmen an der baulichen Hülle in erheblichem Umfang mitfinanziert. Um das Gebäude auch zukünftig als Kindertagesstätte nutzen zu können, wurde das südlich an das Fachwerkhaus angebaute, wahrscheinlich Mitte

Ehemalige Konventsgebäude des Zisterzienserinnenklosters, die nach der Auflösung des Klosters Mitte des 16. Jahrhunderts umgebaut wurden, Zustand 2005

Walter Bitzer

Nordfassade des ehemaligen Konventsgebäudes des Klosters mit mittelalterlichen Putzresten, Zustand 2005. Für die Wohnung im Obergeschoß wurde ein neuer, außen angebrachter Zugang erforderlich.

Nordfassade des Bardelebenschen Hofes, Zustand 2005. Die Farbgestaltung erfolgte nach historischen Befunden.

Rathaus der Stadt Ziesar aus dem Jahr 1828, Zustand 2005

des 19. Jahrhunderts errichtete Wohnhaus in das Umbaukonzept einbezogen. Der nach der Hüllensanierung durchgeführte aufwendige Innenausbau, der rund 650 000 Euro erforderte, wurde aus Mitteln des Gemeindefinanzierungsgesetzes (GFG) unterstützt.

1997 wurden die Vorderfassade und das Dach des Rathauses am Breiten Weg saniert. Das Gebäude mit dem prägnanten neogotischen Schmuckgiebel entstand 1828 durch den Umbau eines Bürgerhauses. Die bis 1997 vorhandene untypische Betondeckung ist durch eine Deckung mit Tonziegeln in Biberschwanzform ersetzt worden. Der Putz konnte weitgehend erhalten werden. Das neogotische Maßwerk ist nach Befundlage und ergänzenden Entwürfen erneuert worden. Die nicht mehr bauzeitlichen Fenster wurden durch rot gestrichene, vierflügelige Holzfenster mit Isolierverglasung ersetzt. In die vorhandene Rundöffnung wurde als heutige Zutat eine Uhr eingebaut.

Sanierung der Burganlage

Die Burgkapelle ist innerhalb des Gebäudeensembles der Burg besonders hervorzuheben. Nachdem das Dach bereits Anfang der 1990er Jahre aus Mitteln des Denkmalschutzes erneuert werden konnte, wurde die Südfassade 1997/98 aus Mitteln der Stadterneuerung saniert. Aufgrund verschiedener Schädigungen bestand auch erheblicher Handlungsbedarf für den Erhalt der Malereien, die nach den restauratorischen Voruntersuchungen in die Zeit um 1500 datiert werden. Im Dezember 2000 hat die »Deutsche Stiftung Denkmalschutz« in der von ihr herausgegebenen Zeitschrift »monumente« die Burgkapelle umfassend vorgestellt und zur Gründung einer Stiftung für die Restaurierung der wertvollen Ausmalungen aufgerufen. Auf der Grundlage der von der »Deutschen Stiftung Denkmalschutz« eingerichteten objektbezogenen Stiftung konnten weitere Fördermittel eingeworben werden. Nachdem sich das Bistum Magdeburg, die Ostdeutsche Sparkassenstiftung, das Land Brandenburg und der Landkreis Potsdam-Mittelmark zur finanziellen Unterstützung der Restaurierungsarbeiten in der Burgkapelle bereit erklärt hatten, wurde das Vorhaben auch in die Liste der vom WORLD MONUMENTS FUND® in den Jahren 2003 und 2004 zu unterstützenden Objekte aufgenommen. Die Burgkapelle Ziesar gehört damit zu den wenigen in Deutschland von dieser in New York ansässigen Organisation geförderten Objekten und verdeutlicht die auch von ausländischen Fachleuten entgegenbrachte Wertschätzung für die bischöfliche Hofkapelle.

Portal der Burgkapelle, 2005. Im Rahmen der Sanierungsarbeiten wurden wenige Fehlstellen ergänzt.

Der Ende des 15. Jahrhunderts errichtete »Storchenturm« ist der letzte erhaltene mittelalterliche Wehr-
turm der ehemaligen Vorburg, Zustand 2005. Bemerkenswert sind die in schwarzem Backstein ausgeführten Rautenmuster.

Die beiden heute noch erhaltenen Türme der Burg Ziesar, der Storchenturm und der
Bergfried, wurden 1999 und 2000 saniert. Die Finanzierung erfolgte aus Mitteln der Stadterneuerung, der »Deutschen Stiftung Denkmalschutz«, des Landkreises Potsdam-Mittelmark
und aus Lottomitteln des Ministeriums für Wirtschaft. Im 35 Meter hohen Bergfried konnte im
Jahr 2004 mit Unterstützung von Lottomitteln des Wirtschaftsministeriums Brandenburg im
unteren Teil des Turmes eine neue, besser begehbare Treppe eingebaut werden. Die Arbeitsgemeinschaft der »Städte mit historischen Stadtkernen« im Land Brandenburg zeichnete im März
2001 den Bergfried und im März 2005 die Burgkapelle als »Denkmal des Monats« aus.

Von 2002 bis Mitte 2005 wurden für die Umsetzung des Vorhabens »Sanierung Burg Ziesar«
mit den Teilen Palas, Ostflügel, Veranstaltungsraum, Burghof, Zufahrt Burg und Wirtschaftshof

Der um 1200 er-
richtete Bergfried
der Burg Ziesar,
Zustand 2005

zusätzlich zu den Mitteln der Stadterneuerung Mittel der Europäischen Union in Höhe von
rund 2,6 Millionen Euro aus dem »Europäischen Fond zur regionalen Entwicklung« (EFRE) zur
Verfügung gestellt. Diese Mittel, die eine Anteilfinanzierung zu fast 50% der Gesamtkosten
darstellen, werden mit den im Programm »Städtebaulicher Denkmalschutz« bewilligten Mitteln
kofinanziert. Nur auf der Grundlage dieses »Fördermixes« aus Mitteln der Europäischen Union,
des Bundes, des Landes, der Stadt und des Kreises war es für Ziesar möglich, das ehrgeizige
und nachhaltig wirksame Vorhaben Burg Ziesar in Angriff zu nehmen. Die Nutzungsidee für
die Reaktivierung der historischen Burggebäude wurde in Ziesar im Zusammenwirken von
Stadt, Sanierungsträger ews und der Denkmalpflege entwickelt. Die Idee entstand aus der
jahrelangen Beschäftigung mit dem Bauwerk und der Geschichte des Ortes.

Ausblick

Mit dem Abschluß des Sanierungsvorhabens Museum Burg Ziesar wird – trotz der notwendigen Fertigstellung des Burgparks und der Sanierung von zwei weiteren Burggebäuden – die weiterhin dringend erforderliche Erneuerung der städtischen Infrastruktur in den Vordergrund treten. Die Erneuerung des Breiten Weges, der städtebaulichen Hauptachse mit marktartiger Aufweitung, ist ab 2005 in den bisher erreichten Qualitätsstandards weiterzuführen und bis voraussichtlich 2007 abzuschließen. Unmittelbar danach werden weitere Straßen des historischen Straßennetzes folgen. Das vor mehr als einhundert Jahren eingebaute Pflaster ist noch weitgehend vorhanden und soll im Zuge der Sanierung wieder verwendet werden. Der größte Teil der historischen Altstadtstraßen hat in den zurückliegenden Jahrzehnten keine Erneuerung oder grundlegende Reparatur erfahren. Durch Straßenaufbrüche für Leitungsverlegungen oder Leitungsreparaturen, durch die überwiegend fehlende Regenentwässerung und den für den heutigen Verkehr unzureichenden Unterbau haben die Straßen einen teilweise bedenklichen Zustand.

Fördermittelbedarf besteht aber auch weiterhin für viele Gebäude in der Altstadt. An herausragender Stelle ist die städtebaulich dominante, architektonisch und bauhistorisch bedeutsame Stadtkirche zu nennen. Einige wenige Gebäude, die nicht mehr sanierungsfähig sind, müssen abgerissen werden. Die dabei entstehenden Baulücken verbleiben vor dem Hintergrund der gegenwärtigen Wirtschafts- und Strukturschwäche vermutlich für mehrere Jahre. Hier kommt es darauf an, diese Lücken kreativ für die Stadt zu nutzen, ohne einer Wiederbebauung den Weg zu versperren. Die noch durchzuführenden Maßnahmen werden auch dazu beitragen, daß der Zusammenhang zwischen Burg und Stadt besser erlebbar wird. Ziel der städtebaulichen Erneuerung der Altstadt ist, die Stellung Ziesars im Siedlungsnetz des Landes zu stabilisieren und nachhaltig aufzuwerten.

Breite Straße, Zustand 2005. Mehrere Gebäude am Breiten Weg, der Hauptstraße Ziesars, wurden in den zurückliegenden zehn Jahren saniert.

Walter Bitzer

Die Stadtkirche, Zustand 2005. In den nächsten Jahren werden der Turm sowie Teile der Fassaden und des Dachstuhls saniert.

Zur Baugeschichte der Burg Ziesar

Detlev von Olk

Die Burg Ziesar ist die einzige Bischofsresidenz in Brandenburg, in der spätmittelalterliche und barocke Baubefunde in großer Dichte und Qualität erhalten geblieben sind. Sie ist die einzige Anlage mit einer spätgotisch ausgemalten Burgkapelle, die in der Forschung bereits entsprechende Aufmerksamkeit gefunden hat.[1] Mitte 1998 begannen die bauhistorischen Untersuchungen am Palas, die intensive Erforschung des Ostflügels erfolgte seit dem Frühjahr 2002. Dabei zeigte sich, daß der gotische Palas – der bedeutendste Bauteil neben der Burgkapelle – trotz neuzeitlicher Umbauten in seiner spätmittelalterlichen Struktur nachvollziehbar geblieben ist. Eine Tatsache, die bislang unbekannt war.

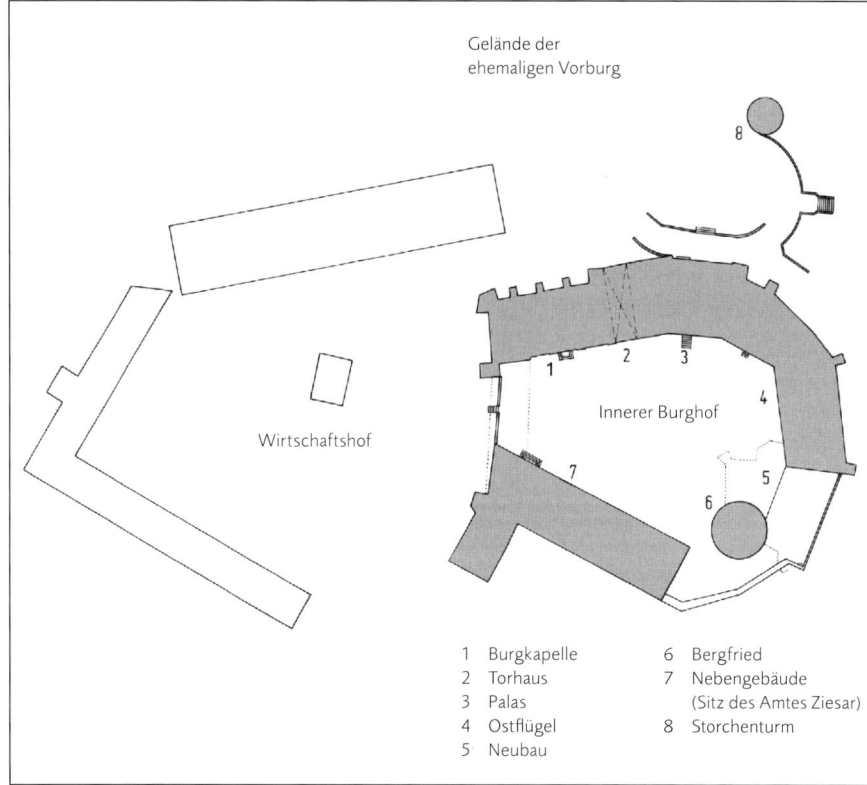

Gelände der
ehemaligen Vorburg

Innerer Burghof

Wirtschaftshof

1 Burgkapelle
2 Torhaus
3 Palas
4 Ostflügel
5 Neubau

6 Bergfried
7 Nebengebäude
(Sitz des Amtes Ziesar)
8 Storchenturm

Lageplan der Burg Ziesar

---

1 WOCHNIK 1991, 1998, 2003, 2003. – FINDEISEN 1992.

Die ältesten Baubefunde der Burg aus dem 13. Jahrhundert

Die erste urkundliche Nachricht, daß die Bischöfe von Brandenburg in Ziesar anwesend waren, datiert aus dem Jahre 1214.[2] Bereits ein Jahr später fand in Ziesar ein Fürstentag statt.[3] Daraus und aus den bauhistorischen Befunden kann geschlußfolgert werden, daß Größe und Umfang der Kernburg seit Ende des 12. Jahrhunderts bestanden. So haben sich möglicherweise an Bereichen der Burgkapelle und des Ostflügels Reste dieser ältesten Bauphase erhalten. Im Gegensatz zum Feldsteinmauerwerk des 13. Jahrhunderts wurden hier die Feldsteine quaderartig bearbeitet und in regelmäßigen Schichten aufgemauert.

Weitaus umfangreicher sind die Spuren aus der ersten Hälfte des 13. Jahrhunderts. Hierzu zählen der fünfunddreißig Meter hohe Bergfried und die erhaltenen Mauerreste aus Feldstein an der Kernburg. Mit Ausnahme des Zugangs und der späteren Aufbauten ist der Bergfried vollständig in Feldstein errichtet. Die Mauerdicke beträgt im Erdgeschoß 3,75 m und nimmt nach oben hin ab. Der ursprüngliche, in Backstein ausgeführte Zugang zum Bergfried befindet sich auf etwa einem Drittel der Gesamthöhe zur Hofseite. Bis zu seiner Neuverfugung um 1960 mit Zementmörtel waren unterhalb des Zuganges noch vier Balkenlöcher und auf zwei Drittel der Turmhöhe die Balkenlöcher eines umlaufenden Wehrganges zu erkennen. Die sogenannte »Bischofsmütze« kam als Turmaufsatz nach 1528 unter Bischof Matthias von Jagow (1528–44) hinzu. Der ebenerdige Eingang des Turmes wurde im Zuge seiner industriellen Nutzung als Schornstein einer Stärkefabrik wohl im Jahre 1903 eingebrochen.

Von der Gestalt der anderen Gebäudeteile der Burg ist aufgrund der späteren Überformungen und der geringen Befundlage wenig bekannt. Im Kern des Palas konnte ein Vorgängerbau aus dem frühen 13. Jahrhundert nachgewiesen werden. Dieser erreichte annähernd die heutige Gebäudehöhe. Die Außen- und Innenwände wurden in Feldstein errichtet, während für die Öffnungen Backsteine Verwendung fanden. Der Palas war bereits teilunterkellert. Während der bauvorbereitenden Maßnahmen konnte in den Jahren 2001–03 eine umfangreiche Kelleranlage freigelegt werden.

Diese Befunde legen nahe, daß Ziesar bereits im 12. und beginnenden 13. Jahrhundert eine erhebliche Bedeutung für die Bischöfe von Brandenburg hatte.

Der Ausbau der Burg zur Bischofsresidenz im 14. Jahrhundert

Im 14. Jahrhundert wurde die Burg Ziesar zum bevorzugten Aufenthaltsort der Bischöfe von Brandenburg. Vermutlich in dieser Zeit fanden großzügige Erneuerungen an den Burggebäuden statt, die sich in zwei Bauphasen unterscheiden lassen.

In einer ersten Umbauphase des 14. Jahrhunderts (um 1330/40) wurden der Ostflügel und der Torbau auf der Kernburg ausgebaut. Der nördlichen Außenwand des Torbaus sind zwei hohe und in ihrer Wirkung monumentale Spitzbogennischen vorgelagert worden. Eine dieser Nischen hat sich im Bereich der Tordurchfahrt erhalten. Bei späteren Umbauarbeiten um 1460/70 baute man die Torhalle aus und fügte über diese einen zweijochig gewölbten Raum ein, der bis zur vorderen Flucht des Torbaus vorgezogen wurde. Nach Westen folgte nachweislich eine weitere, aber breiter angelegte spitzbogige Nische, deren Ansätze noch erkennbar sind. In diese wurden beim Neubau der Burgkapelle ein schmaler Raum von der Nordempore aus eingefügt.

---

2 HEINEMANN 1875, CDA 2, Nr. 19, S. 18f.
3 BERGSTEDT 2003.

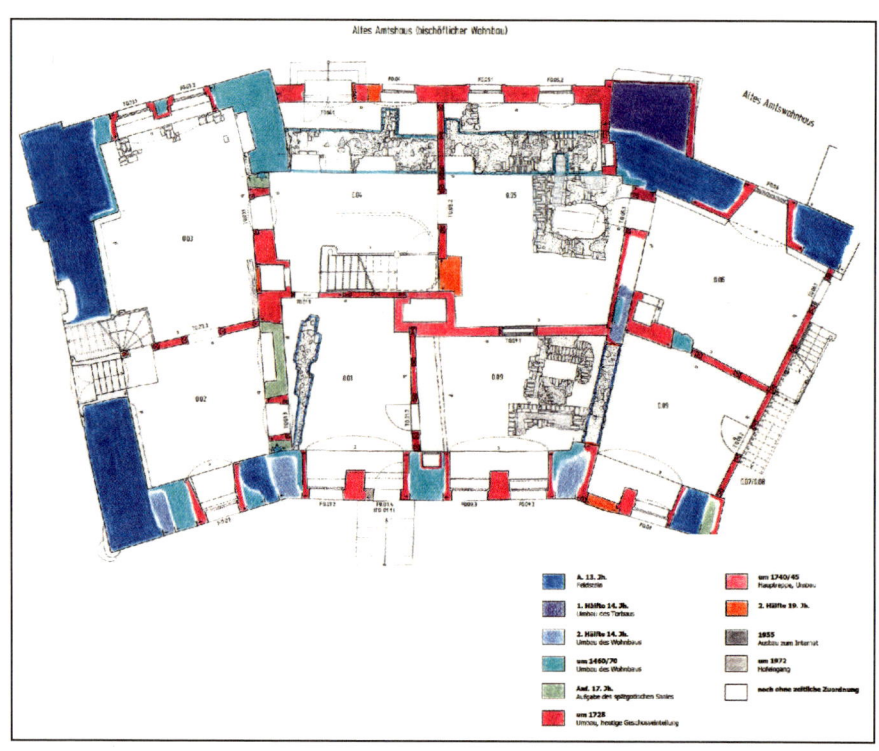

Bauphasenkartierung Palas, Erdgeschoß

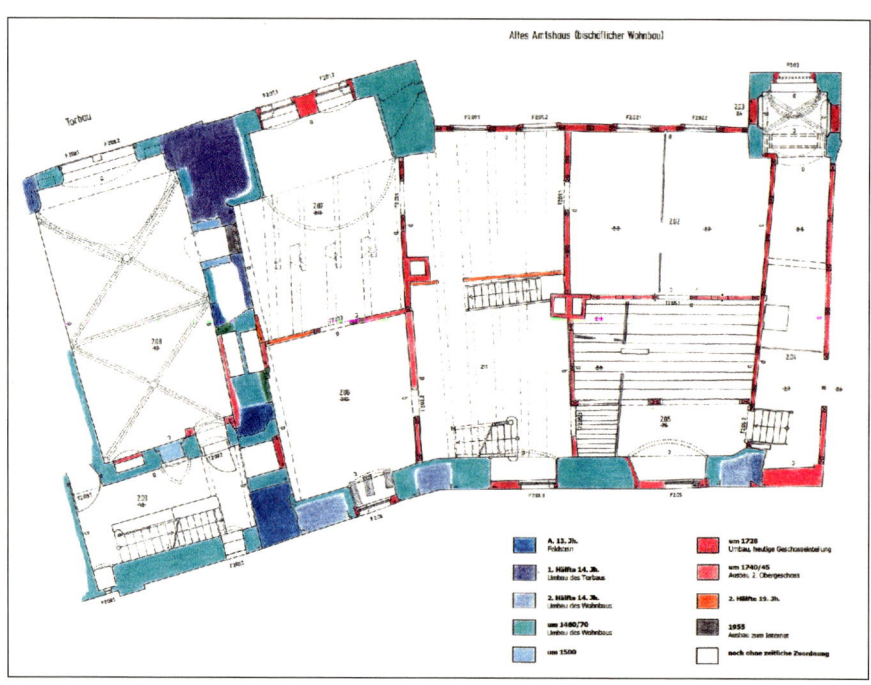

Bauphasenkartierung Torbau und Palas, 2. Obergeschoß

Detlev von Olk

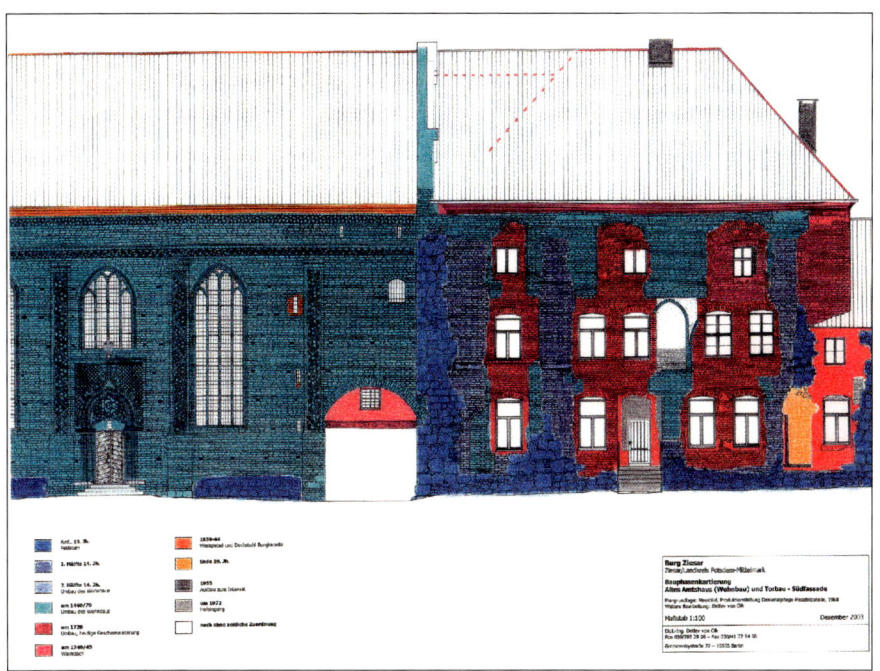

Bauphasenkartierung Torbau und Palas, Südfassade

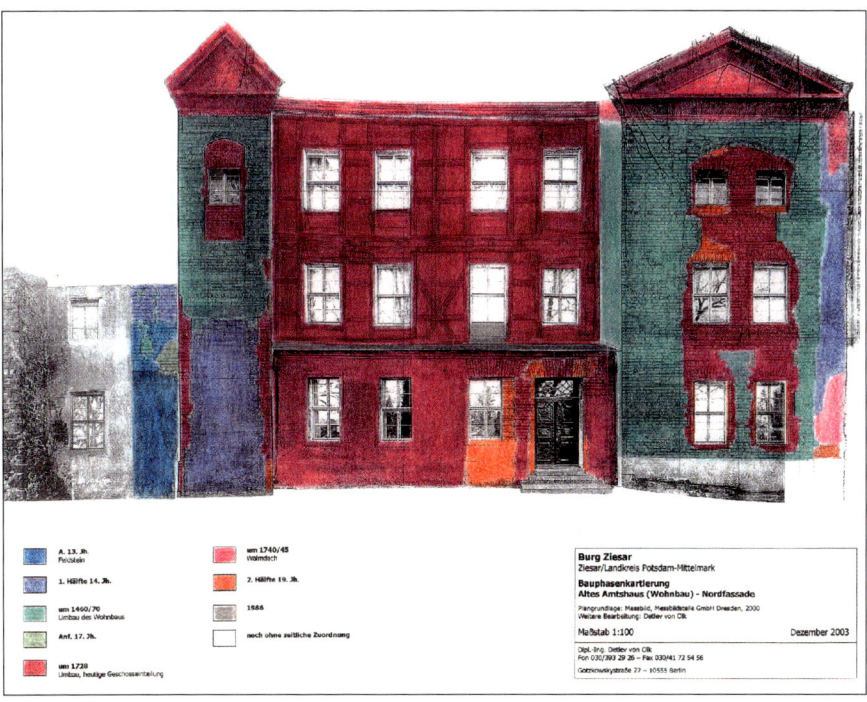

Bauphasenkartierung Palas, Nordfassade

Den Ostflügel baute man unter Einbeziehung älterer Umfassungswände gleichfalls aus und stockte ihn auf. Die neuen Außenwände sind hofseitig in Feld- und Raseneisenstein ausgeführt worden, auf der Ostseite fast ausschließlich in Raseneisenstein. Im ersten Obergeschoß entstand wohl ein weiträumiger Saal oder zwei saalartige Räume mit insgesamt vier hofseitigen Nischen in Raseneisenstein. Von dort aus führte hofseitig eine Wendeltreppe ins Obergeschoß.[4] In drei dieser Nischen lassen sich Kreuzfenster aus Sandstein nachweisen, während die vierte in Backstein ausgeführt wurde. Von den Fensteröffnungen in Sandstein hat sich der Rest einer Laibung erhalten, die stilistisch der ersten Hälfte des 14. Jahrhunderts zugeordnet werden kann. Zwei weitere Gewände lassen sich anhand des Fugenbildes nachweisen.

Der Palas des 13. Jahrhunderts wurde in der kurz darauffolgenden zweiten Bauphase in der zweiten Hälfte des 14. Jahrhunderts umfangreich erneuert. Von den Umbauten zeugen heute noch an der Hoffassade eine zugesetzte spitzbogige Öffnung seitlich der Durchfahrt, weitere Öffnungskanten und die Reste eines Friesbandes unterhalb der heutigen Fenster des ersten Obergeschosses. Der Fries markiert offenbar die damalige Geschoßeinteilung. Er besteht aus einem schmalen waagerechten Putzstreifen, der oben und unten jeweils von einer circa zwei Zentimeter aus der Wandfläche hervortretenden Backsteinlage begleitet wird, die allerdings später weitgehend abgeschlagen wurde. In Resten hat sich hier bauzeitlicher Putz mit Fassung erhalten. Der Wohnbau dürfte zweigeschossig gewesen sein, wobei die hohen Öffnungen des Obergeschosses andeuten, daß sich hier ein Saal über einem niedrigen Erdgeschoß befand. Im Gebäudeinneren ist die Bauphase an keiner Stelle mehr nachvollziehbar. Backsteine mit Resten einer Rankenmalerei, die um 1460/70 zweitverwendet eingebaut wurden, sind möglicherweise die einzigen Zeugen der damaligen Raumgestaltung.

Der Umbau der Burg im 15. Jahrhundert

Unter Einbeziehung älterer Bauteile auf der Nord- und Westseite ließ Bischof Dietrich von Stechow (1459–72) eine neue, 1470 geweihte Burgkapelle errichten. Nach außen ist sie in die Umfassungsmauern der Kernburg nahtlos eingebettet, zum Hof hin erhebt sich eine prächtig geschmückte Schaufassade aus Backstein. Die Fassade ist stilistisch einer Bauhütte zuzuordnen, die in Brandenburg am Dom, an der St. Gotthardtkirche und dem altstädtischen Rathaus, in Bad Wilsnack an St. Nikolai, in Tangermünde an der St. Stephani-Kirche und der Gerichtslaube am Rathaus sowie in Wolmirstedt an der Schloßkapelle gearbeitet hat. Die Entwicklung jener Fassadengestaltung beginnt um die Mitte des 15. Jahrhunderts in Werben. Hier werden wohl erstmalig, wenngleich noch in derber Form, die Strebepfeiler mit Maßwerk gestaltet.

Das Innere der Kapelle wurde wohl um 1500/05 mit einer illusionistischen, polychromen Malerei versehen, die Ende des 17. Jahrhunderts übertüncht wurde[5] und erst bei den Restaurierungen 1859–64 wieder zum Vorschein kam. Die vierjochige Burgkapelle erhebt sich infolge der älteren Bauteile über einem unregelmäßigen viereckigen Grundriß. Der Baumeister schuf zum Ausgleich Emporen, die über die gesamte West- und Nordseite angeordnet sind und einen dreijochigen, wohl proportionierten Kirchenraum einfassen. Sie ermöglichten den direkten Übergang in das Obergeschoß des angrenzenden Palas. Der Aufgang befindet sich an der Westempore, unter der die Sakristei angeordnet ist. Unterhalb der Nordempore erheben

---

4   Die Grundmauern des Treppenturms wurden im Rahmen der archäologischen Grabungen im August 2004 freigelegt und dokumentiert.
5   Das Inventar von 1692 erwähnt eine im Juni 1691 erfolgte Renovierung der Burgkapelle. Vgl. Brandenburgisches Landeshauptarchiv Potsdam (künftig: BLHA), Rep. 2, D 20966, Bl. 121r.

Detlev von Olk

sich drei mit Quertonnen gewölbte Räume mit figürlichen Malereien. Sakramentsnische und Weiheinschrift wurden in die Ostwand eingelassen. Über die Ausstattung der Kapelle ist wenig bekannt. Auskunft hierüber geben erst die Inventare von 1613, 1650 und 1692/93.[6]

Im Zusammenhang mit dem Neubau der Kapelle wurde auch der angrenzende Palas unter Einbeziehung älterer Umfassungswände umgebaut. Am Palas läßt sich eine ähnliche Fassadengliederung wie an der Burgkapelle nachweisen, die jedoch wohl bewußt zurückhaltender gestaltet war. Hierbei zeigt sich, daß der mittlere Fassadenbereich hervorgehoben wurde. Innerhalb zweier hoher spitzbogiger Öffnungen lag eine verputzte Blendnische, die heute noch zum größten Teil erhalten ist. Gleichfalls verputzte Zwickelfelder oberhalb der Spitzbögen faßten die großen Öffnungen zu einer Einheit zusammen. Fassadenbereiche und Laibungen waren durch eine Rotfassung über Stein und Fuge hervorgehoben. Zudem gab es unterhalb der Traufe einen farbig gefaßten Putzfond, der sich in geringen Resten erhalten hat. Die Fensternischen des einstigen spätmittelalterlichen Obergeschosses sind weitgehend erhalten geblieben. An zwei spätmittelalterlichen Fenstern wurden bei den barocken Umbauarbeiten um 1728 Teile der spätgotischen Stockfenster nicht entfernt, sondern eingemauert.

Während die Burgkapelle eine Schmuckfassade zum Hof erhielt, aber ihren wehrhaften Charakter zur Stadt hin bewahrte, wurde die stadtseitige Nordfassade des Palas zur Schaufassade umgestaltet. An ihr zeichnet sich ein wesentliches Merkmal späterer Schloßanlagen ab: die regelmäßig gegliederte Fassade. Im Oktober 2002 wurde der Zementputz von der Nordfassade entfernt. Hierbei kam die spätmittelalterliche Fassadengestaltung mit Resten der Fensteröffnungen zum Vorschein. Für das Erdgeschoß lassen sich schmale, hohe spitzbogige Öffnungen nachweisen. Für die großzügigen Fenster des Obergeschosses ergibt sich eine lichte Öffnungsweite von 2,60 m innerhalb der Holzfensterkonstruktion. Die Bauteile der Nordaußenwand zeigen eine gleichmäßige Anordnung der Fenster. Standerker und Fensterlaibungen wurden durch reich profilierte Formsteine und deren Rotfassung hervorgehoben. Die ausgeführten Fenstergrößen kennzeichneten zudem den repräsentativen Charakter der Nordfassade. Die fortifikatorische Funktion der Burg trat in den Hintergrund.

Die neuen Raumstrukturen im Inneren des Palas waren großzügig angelegt. Im Erdgeschoß ist ein zweischiffiger, mit Kreuzrippen gewölbter Saal nachweisbar, der sich über die gesamte Gebäudelänge des Wohnbaus erstreckte und in Teilen über eine Warmluftheizung erwärmt werden konnte. Der Zugang erfolgte zum einen über die Torhalle, zum andern durch einen hofseitigen Eingang im angrenzenden Gebäudeteil. 1982 wurde im Zusammenhang mit einer Fußbodenerneuerung die Brennkammer einer spätmittelalterlichen Warmluftheizung entdeckt und freigelegt. Der dazugehörige Kellerraum, von dem aus die Brennkammer beschickt wurde, konnte im Rahmen bauvorbereitender Maßnahmen im Jahre 2001 freigelegt werden. Nach Entfernung des Betonbodens von 1982 kamen nicht nur ältere Fußbodenschichten, sondern auch eine zweite Fußbodenheizung aus dem 13./14. Jahrhundert, bestehend aus Bedienraum, Brennkammer und Resten eines darüberliegenden Heizkanals, zum Vorschein. Außerdem wurden angrenzende Kellerräume freigelegt, die um 1460/70 unter Einbeziehung älterer Kellerräume des 13. Jahrhunderts entstanden waren.

---

6   Inventar von 1613: »1 Großer Mißinger Leuchter / 1 Tisch«. Geheimes Staatsarchiv Berlin Preußischer Kulturbesitz (künftig GStA), I. HA, Rep. 21, Nr. 179 (unpaginiert). – Inventar von 1650: »Ein steinern gemauerter Altar / Fünf böse Fenster / Durch und durch steinern fussboden / Ein zerbrochen Orgelgeheuse / Ein alter Blasebalck«. GStA, I. HA, Rep. 21, Nr. 179 (unpaginiert). Siehe auch BLHA, Rep. 2, D 20980, Bl. 15r. – Inventar von 1692/93: »1 brettern Canzel nebst des Predigers stuhl / 1 steinern tisch so vorher ein Altar gewesen / 1 eichen bahr / 6 lange Mannes stühle / 9 weiberstühle alle von brettern gemacht«. BLHA, Rep. 2, D 20966, Bl. 121r.

Reste der Fensterlaibung und des Kreuzrippen-
gewölbes aus der Bauphase 1470, die zum gewölbten Saal im Erdgeschoß gehörten, Zustand 2005

Im Obergeschoß befanden sich die Re-
präsentations- und Wohnräume des Bischofs,
die direkt mit der Empore der Burgkapelle
verbunden und über eine Backsteintreppe
von der Torhalle aus erreichbar waren. Von
der Gestaltung dieser saalartigen Räume
sind noch drei Fensternischen zum Burghof
und Reste einer farbkräftigen Maßwerkmalerei (um 1500) erhalten. Im Gegensatz zum
Erdgeschoß, das mit einem Kreuzgewölbe
versehen war, schloß das Obergeschoß
mit einer Holzbalkendecke ab. Im heutigen
zweiten Obergeschoß lassen sich zusammen mit dem Torbau zwei saalartige Räume
nachweisen. Einer dieser beiden Räume ist
der heute noch im zweiten Obergeschoß
vorhandene kreuzrippengewölbte Raum
über der Tordurchfahrt. Der andere Raum
erstreckte sich über das gesamte mittelalterliche Obergeschoß, von dem nur noch
der Standerker im heutigen zweiten Obergeschoß erhalten ist. Dieser Standerker stellt
den einzigen Raum im ehemaligen Wohnbau
dar, der seinen ursprünglichen Zustand
weitgehend erhalten hat.

Zu den bedeutenden Räumen einer Residenzanlage zählten seit dem späten 15. Jahrhundert die Hofstube und der Große Saal. Die Hofstube lag üblicherweise im Erdgeschoß und
konnte in Teilen beheizt werden. Sie wurde von der Hofgesellschaft als Speise- und Aufent-
haltsraum täglich genutzt. In der Burg kommt hierfür nur der gewölbte Saal im Erdgeschoß
des Wohnbaus in Frage, der über einen Vorraum verfügte. Der beheizbare Teil der Hofstube
war zudem nach außen hin durch die Fassadengestaltung hervorgehoben.

Der Große Saal befand sich grundsätzlich im Obergeschoß und reichte meist über die
gesamte Gebäudetiefe des betreffenden Flügels. Er war unbeheizt und blieb besonderen
Festlichkeiten vorbehalten. Mit dem Ausbau um 1460/70 erhielt der Ostflügel im Obergeschoß einen Großen Saal, den die Inventare des 17. und 18. Jahrhunderts noch erwähnen.[7]
Bis zum Beginn des 18. Jahrhunderts hatte sich dieser noch in einem guten baulichen Zustand
befunden, doch um 1717 waren die vier großen Fenster baufällig. Um 1744 erfolgte der
Abbruch des Geschosses.

Ein repräsentatives Treppenhaus ist nicht nachweisbar. Die Erschließung erfolgte über
einzelne Treppenanlagen. Die Wohnräume des Bischofs waren durch eine innenliegende
Treppe im Torbau erreichbar. Von einem Treppenraum oberhalb der Durchfahrt wurden die

---

7   Das Inventar von 1650 beschreibt den Großen Saal folgendermaßen: »Im Saale / Eine bekleidete thür sambt
    klinke, schloss, banden, / Vier große Fenster, / Zwey rothe Taffeln, / Ein Kachelofen mit eisern blatten, / Zwo
    Seulen unterm unterzuge, / Ein blau und weiße Schenkbanck, / Eine bekleidete thür uf die Wendeltreppe,
    / Eine bekleidete Thür nach der Probstey-stube mit banden und klinckschloss, / Zwo tische, / Eine taffel,
    / Eine lange Lehenbank«. GStA, I. HA, Rep. 21, Nr. 179 (unpaginiert).

Detlev von Olk

Fenster im 2. Obergeschoß, Reste der Fensterlaibung aus den ehemaligen bischöflichen Wohngemächern mit der bauzeitlichen Holzkonstruktion, Zustand 2005

Emporen der Burgkapelle und die bischöflichen Wohnräume erschlossen. Der Zugang erfolgte zum einen über die bischöflichen Gemächer, zum andern über einen Wendelstein vom Burghof aus. Eine Küche wurde in diesem Gebäudeteil erst zwischen 1650 und 1692 eingebaut: Vorher befand sie sich im alten Back- und Brauhaus (heute Sitz der Amtsverwaltung).

Die mittelalterliche Kanzlei, Verwaltungsorgan des Bischofs, befand sich auf der Burg, ohne daß sie räumlich zugeordnet werden kann. Nach den Inventaren des 17. Jahrhunderts befand sich eine sogenannte »Alte Cantzley« im Torbau der Vorburg. Hier war zu dieser Zeit auch die Domänenverwaltung untergebracht, zu der unter anderem eine Gerichtsstube gehörte. Die Inventare des 17. Jahrhunderts erwähnen aber auch einige Verwaltungsräume auf der Kernburg.

Bischof Joachim von Bredow (1485–1507) setzte die Modernisierungen der Jahre 1460/70 fort. Burgkapelle und die bischöflichen Gemächer erhielten ihre prächtigen und heute noch sichtbaren Maßwerkmalereien.[8] In seine Zeit fällt auch der teilweise Umbau des Ostflügels.

---

8   In der Burgkapelle wurden hierbei die Emporen mit gemauerten Brüstungen versehen. Auf dem Emporenbrett der Westempore befindet sich inschriftlich der Name »Arnold Messen« mit der Jahreszahl 1504.

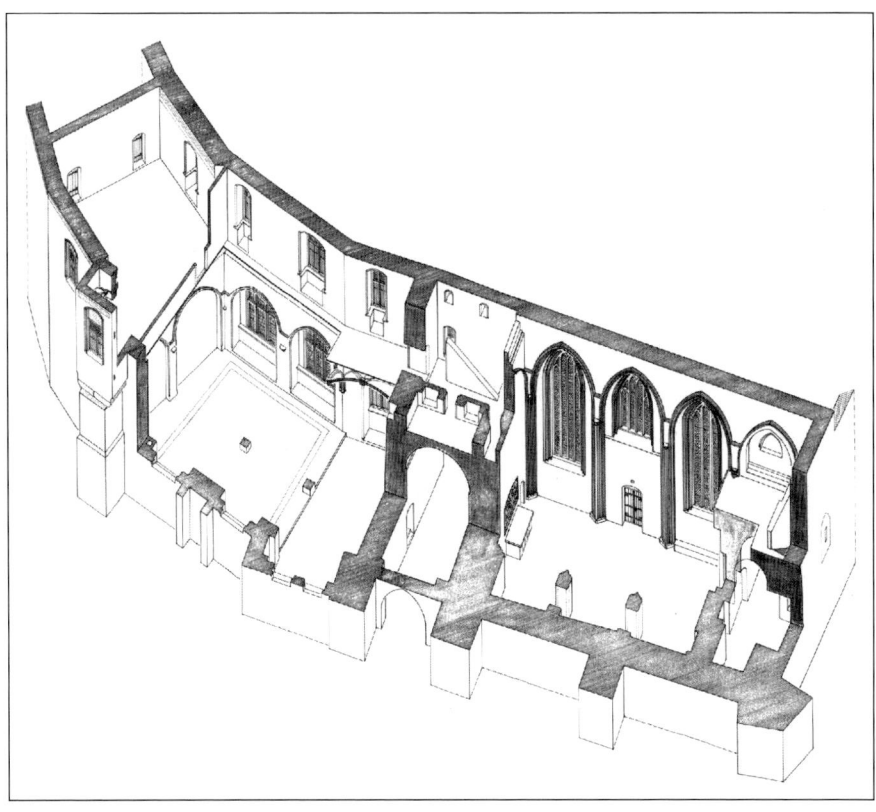

Innenisometrie durch den Palas mit den Saalstrukturen aus der Zeit um 1470 (Rekonstruktionsversuch)

In einem Teilbereich des Erdgeschosses wurde die Decke angehoben und mit profilierten Balken und Bohlen versehen.[9]

Neben der weiteren Ausgestaltung der bischöflichen Gemächer wurden auch der Storchenturm und die Vorburg erneuert. Eine unterhalb der Brüstung des Storchenturmes angebrachte Wappentafel aus Ton mit dem Bredowschen Wappen trägt die Jahreszahl 1497. Dieser Turm zeigt ein Rautenmuster aus schwarzen Backsteinen. Er ist der letzte sichtbare Rest der früheren Vorburg und erreicht eine Höhe von zweiundzwanzig Metern. Der heute ebenerdige Eingang zum Verlies ist später eingebrochen worden. Die ursprünglichen Zugänge lagen wie beim Bergfried auf etwa einem Drittel der Turmhöhe und ergeben sich durch die einst angebauten Wehrgänge. Über dem Verlies befinden sich in den drei oberen Geschossen Stuben. Die kreuzrippengewölbte Stube im zweiten Obergeschoß konnte über einen Kamin beheizt werden. Die Schießscharten wurden zu einer Nische mit Dreiergruppe zusammengefaßt, die äußeren schräg, die mittlere gerade. Somit war eine effektive Bestreichung des

---

9   Die profilierten Deckenbalken wurden dendrochronologisch untersucht. Sie datieren auf nach 1487 bzw. auf nach 1493 (Probenentnahme Thomas Langer, Gutachten vom 19.03.2001 von Bärbel Heußner). Die spätgotische Ausmalung des darüber liegenden Raumes erfolgte mit großer Wahrscheinlichkeit in diesem Zeitraum. In dem 1955 eingebauten Blindboden sind Reste der profilierten Bohlen als Zwischenboden wiederverwendet worden.

Detlev von Olk

Geländes möglich. Eine Kegelspitze schließt den Turm nach oben hin ab, dessen Zinnenkranz im Laufe der Zeit verlorenging.

Die Umgestaltung der Residenzburg unter den Bischöfen Dietrich von Stechow und Joachim von Bredow markiert die bedeutendste Bauphase. Die schloßartigen Elemente verliehen der Burg ein sehr repräsentatives Aussehen, das sich anhand der bauhistorischen Befunde in bemerkenswerter Weise dokumentieren läßt.

Der Umbau zu Beginn des 17. Jahrhunderts

Infolge der Reformation wurde die säkularisierte Bischofsresidenz 1571 Amtssitz der kurfürstlichen Domäne Ziesar. Die Burg verlor damit ihre Funktion als herrschaftliches Zentrum der Bischöfe von Brandenburg. Das spiegelt sich in den Umbauten der folgenden Jahrhunderte wider.

Im Palas wurden die kreuzrippengewölbte Hofstube im Erdgeschoß aufgegeben und die Gewölbe zu zwei Dritteln abgebrochen. Lediglich die beiden am Torbau angrenzenden Joche blieben erhalten. Innerhalb der ehemaligen Hofstube wurde eine neue Geschoßdecke eingezogen, die das alte Erdgeschoß in zwei Geschosse teilte. In den ehemaligen bischöflichen Räumen des Obergeschosses waren nun die kurfürstlichen Gemächer und Kammern untergebracht. Hieraus ergibt sich folgende Struktur des Gebäudes: Im zweiten Obergeschoß befanden sich kurfürstliche Gemächer und Kammern, bestehend aus zwei Privatgemächern, einem Vorgemach, einem großen Saal, einer Schreibstube, zwei Kammern und einem Gewölbe. Im ersten Obergeschoß lagen Stuben und Kammern des Amtshauptmannes. Das Erdgeschoß beherbergte Räume fürs Gesinde, die sich aus einer Stube, einer Kammer und der Hofstube zusammensetzten. Im Keller befand sich weiterhin das Gefängnis.[10]

Die aufgezählte Abfolge des Gebäudes kennzeichnet einen deutlichen Nutzungswandel. Im Vordergrund stand nicht mehr der repräsentative Charakter der Anlage. Die in ihrer Größe nicht mehr benötigte Hofstube im Erdgeschoß wurde zugunsten einer kleinteiligen Raumgliederung aufgegeben, die dem Amtshauptmann und seinem Gesinde als Wohn- und Nutzräume dienten. Die ehemals bischöflichen Gemächer blieben jedoch dem Kurfürstenpaar bzw. den kurfürstlichen Witwen vorbehalten. Sie wurden im Laufe des 17. Jahrhunderts mehrfach in ihrer Größe verändert. Die erhaltenen bauhistorischen Befunde dieser Bauphase zeigen allerdings eine geringere handwerkliche Qualität als zur Zeit der Bischöfe.

Der Charakter der mittelalterlichen Burganlage blieb bis zum Anfang des 18. Jahrhunderts im wesentlichen bestehen, wie ein um 1710 angefertigter Stich von Daniel Petzold zeigt.

Durch einen quadratischen Torbau betrat man die Vorburg, deren Anlage mit niedrigen Gebäuden und Wehrgängen umgeben war. Von seinerzeit zwei vorhandenen Rundtürmen ist der noch existierende Storchenturm der einzige sichtbare Zeuge dieser Vorburg-Befestigung. Durch den Torbau der Kernburg gelangte man in den inneren Burghof, der bis in die zweite Hälfte des 18. Jahrhunderts hinein noch geschlossen bebaut war. An die Kapelle schloß sich der Torbau, der Wohnbau und weitere Gebäudeteile in gleicher Traufhöhe bis zum Bergfried an. Zusätzlich stand im Innenhof ein Treppenturm mit einer Welschen Haube. Die Anlage besaß damals fünf Türme, neben den beiden erwähnten der Vorburg noch den Kapellenturm mit hohem Spitzhelm, einen runden Turm über dem Torbau der Kernburg und den Bergfried.

---

10 GStA, I. HA, Rep. 21, Nr. 179 (unpaginiert).

Ansicht der Burg (Ausschnitt) aus der ältesten Darstellung der Stadt Ziesar von Daniel Petzold um 1710

Der brandenburgische Historiker Johann Christoph Bekmann (1641–1717), der zur gleichen Zeit die Burg besuchte, bestätigt in seiner Beschreibung das Aussehen der Anlage.[11]

Zu Beginn des 18. Jahrhunderts befanden sich die Burggebäude in einem schlechten Zustand, über den das Inventar von 1717 einen Eindruck vermittelt. So war beispielsweise die Zugbrücke baufällig und der Rohrbrunnen im Hof der Kernburg unbrauchbar. Nur noch wenige Räume verfügten über intakte Fenster und Türen. Daher wurde der spätmittelalterliche Palas entsprechend den damaligen Bedürfnissen umgebaut. In die Fassade sind um 1726/28 regelmäßig stehende Fenster eingebrochen und die erhaltenen Reste der spätgotischen Öffnungen mit zweitverwendeten Backsteinen zugesetzt worden. Die Geschoßeinteilung des 15. bzw. 17. Jahrhunderts wurde aufgegeben und verändert.[12] Die bis heute erhaltene innere Struktur des Erdgeschosses und des ersten Obergeschosses geht auf diesen Umbau zurück. Waren zuvor wenigstens die ehemaligen bischöflichen Gemächer, wenngleich im Laufe des 17. Jahrhunderts mehrfach verändert, in ihrer Raumhöhe erhalten geblieben, entstanden nun drei weitgehend gleich hohe Geschosse. Der dabei geschaffene »Große Saal« im neuen ersten Obergeschoß ist größenmäßig in keiner Weise mit den spätmittelalterlichen Sälen vergleichbar. Kennzeichnend für den Umbau waren seine geringere handwerkliche Qualität, die Zweitverwendung von Backsteinen und eine Beschränkung auf das Nötigste. Die Maßnahmen erfolgten unter Beibehaltung des möglicherweise noch spätmittelalterlichen Dachstuhls. Ein Fehler, der kaum zwanzig Jahre später korrigiert werden mußte. Die spätmittelalterliche

---

11 »Das Schloß soll auch vor diesen zu den Sieben Thürmen sein genannt worden, Von denen indes einige zerstört worden, zwei runde aber aus gebackenen Steinen erbauet sein noch in den Vormauern befindlich, ingleichen ein kleiner runder Thurm an der Schlossmauer, der vierte ist der vorgedachte alte hohe Thurm aus Feldsteinen inwendig dem Schloße, der fünfte ist der Kapellen Thurm viereckig und mit einer hohen Spitze versehen.« GStA, VI. HA, Rep. 92, NL Bekmann, Nr. 50 Ziesar.

12 Deckenbalken und Trennwände wurden dendrochronologisch auf die Jahre 1726d, 1727d und 1728d datiert (Probenentnahme Tilo Schöfbeck und Thomas Langer, Gutachten vom 04.08.1999 und 19.03.2001 von Bärbel Heußner).

Detlev von Olk

Blick vom Bergfried auf Fundamentreste während der Grabungen 2004. In der oberen Bildhälfte ist der Überrest des Treppenturms im Innenhof zu erkennen. Über den Turm gelangte man in den Ostflügel der Burganlage.

Nordfassade des Palas wurde teilweise abgebrochen und in Fachwerk neu errichtet. Bisher ließ sich nicht eindeutig klären, inwieweit die nachweisbare Putzfassade dem Umbau von 1726/28 oder von 1744/45 zuzuschreiben ist. Die ausgeführten Andreaskreuze im Bereich des ersten Obergeschosses könnten für eine Fachwerksichtigkeit sprechen.

Nach 1740 folgte der Einbau der barocken Haupttreppe im Palas, bevor vier Jahre später das zweite Obergeschoß seine bis heute erhaltene Raumstruktur erhielt.[13] Das oberste Geschoß des Ostflügels wurde hierbei abgetragen. Die Aufrichtung eines neuen Dachstuhls markierte den Abschluß der Arbeiten. Beide Bauperioden prägen gegenwärtig wieder das innere und äußere Erscheinungsbild. Weitere Umbaumaßnahmen waren zwar vorgesehen, gelangten aber nicht zur Ausführung.[14]

Um 1740/45 ist wohl auch der größte Teil der Vorburg abgebrochen worden. An deren Stelle entstand ein neuer großzügiger Wirtschaftshof.[15] Bernhard Ludwig Bekmann (1694–

13 Deckenbalken, Trennwände und Dachstuhl wurden dendrochronologisch auf die Jahre 1744d datiert (Probenentnahme Tilo Schöfbeck, Gutachten vom 04.08.1999 und 19.03.2001 von Bärbel Heußner).
14 Grundrisse und Ansicht des geplanten Umbaus, Königlicher Domäneatlas. GStA, XI. HA, Allgemeine Kartensammlung, Atlas 225 (ms boruss 487).
15 Plan Amt Ziesar 1799: Specieller Plan von dem Königlichen Amte Ziesar, gezeichnet von Dunckelmann. Vgl. Landeshauptarchiv Sachsen-Anhalt, Abt. Magdeburg, Rep. C 28 III A, Ortskarten, Nr. 508. Die Karte zeigt weitgehend alle Gebäude der Burg und des Wirtschaftshofes. Von der Vorburganlage ist lediglich der Storchenturm mit einem Rest der Ringmauer erhalten. Auf dem erweiterten Wirtschaftshofgelände östlich der Burgkapelle entstanden bis 1895 neue Wirtschaftsgebäude.

Storchenturm mit barocken Wirtschaftsgebäude, dem achteckigen Schafstall und dem barocken Amts-
gebäude (v.r.n.l.). Im Vordergrund das Dach des Palas. Die Photographie entstand vor 1895.

1760), der Neffe von Johann Christoph Bekmann und gleichfalls Landeshistoriker, der die
Anlage um die Mitte des 18. Jahrhunderts besuchte, schreibt hierzu: »Es steht von 7 runden
Thürmen nur noch einer an der Vormauer des fordersten Schlosshofes der zweyte ist vor
einig Jahren nebst einem Stück der alten Mauer abgetragen und ein Wirtschafts Gebäude
auf die Stelle geführet worden.«[16]

Die Burg im 19. und 20. Jahrhundert

In privaten Besitz gelangte die Burg nach Auflösung des königlichen Domänenamtes 1819.
Während sie als »Rittergut Ziesar« an wechselnde Besitzer verkauft wurde, blieb die Burgkapelle
in staatlichem Besitz. Als sie nicht mehr als Gotteshaus genutzt wurde, brachte man dort Pfer-
de und Getreide unter. Nachdem 1857 das Westgebäude mit dem Kapellenturm abgebrannt
und Teile des Kirchendaches beschädigt waren, wurde bei der Wiederherstellung 1859–64
unter Beteiligung des Architekten Friedrich August Stüler (1800–65) und des preußischen
Landeskonservators Ferdinand von Quast (1807–77) die spätmittelalterliche Ausmalung
im Kircheninnern entdeckt und freigelegt.[17] Die Burgkapelle erhielt bis 1864 einen neuen
Dachstuhl und den heute noch erhaltenen Westgiebel in gotisierenden Formen. Eine 1829
von Ernst Wernicke angefertigte Karte vermittelt einen guten Eindruck von der damaligen

---

16 Johann Christoph Bekmann, fol. 34v, 35r und 35v, Anmerkungen über den Aufsatz von der Stadt Ziesar.
   Siehe Anm. 11.
17 Nach dem Brand des Daches formulierte Stüler nach einem Reisebericht 1859 eine erste Aufgabenstel-
   lung. 1860 erfolgte eine Überarbeitung der Pläne durch von Quast. GStA, I. HA, Rep. 93, Ministerium der
   öffentlichen Arbeiten, Nr. 2643.

Detlev von Olk

Gesamtanlage mit den im Bereich der Vorburg vorhandenen Wirtschaftsgebäuden.[18] Im 19. Jahrhundert sind diese nach und nach abgetragen bzw. umgenutzt worden. Aus dieser Zeit stammt auch der Einbau eines Schornsteines in den Bergfried für eine im alten Back- und Brauhaus eingerichtete Brennerei und Stärkefabrik. Westlich der Burgkapelle entstanden bis 1895 neue Wirtschaftsgebäude, die im großen und ganzen bis heute erhalten geblieben sind.

Im Inneren der Burggebäude fanden nur noch geringe Umbaumaßnahmen statt. So wurde der Küchenbereich im Ostflügel mehrfach modernisiert. Der barocke »Große Saal« im ersten Obergeschoß des Palas ist um 1833 mit einer spätklassizistischen Malerei ausgestaltet worden. Die heute noch erhaltenen Verdachungen der Türzargen entstammen gleichfalls dieser Zeit. Die Räume des Ostflügels wurden hingegen vernachlässigt und als Abstellkammern benutzt.

In den nachfolgenden Jahrzehnten fanden immer wieder einzelne Instandhaltungen statt, so 1908 an der sogenannten »Bischofsmütze« auf dem Bergfried. Im Zuge der Bodenreform wurde die Burg 1946 »sichergestellt«[19], Gemälde und Möbel gelangten nach Magdeburg. Seit ihrer Instandsetzung 1952/53 dient die Burgkapelle der katholischen Kirchengemeinde Ziesar als Gotteshaus. Der Palas fand kurz nach dem Zweiten Weltkrieg als Übergangswohnung für Flüchtlinge und Vertriebene Verwendung, bevor dort 1955/56 ein Internat eingerichtet wurde. Für letzteres sind die einzelnen Gebäudeteile im Inneren teilweise stark verändert worden. Das alte Back- und Brauhaus auf der Südseite des Burghofes wurde 1955/56 zum Verwaltungs- und Kulturgebäude der Maschinen-Traktoren-Station Ziesar umgebaut. Dabei ist eine Fassade im Stil der Zeit angefügt worden. 1960 fanden Arbeiten an der »Bischofsmütze« des Bergfriedes statt: Sie wurde gegen eindringende Feuchte mit einer dicken Putzschicht mit hohem Zementanteil versehen. 1976 ist unter Leitung des damaligen Instituts für Denkmalpflege in Berlin der Dachstuhl des Palas saniert worden. Die Firstlinie im Bereich des Torbaus wurde dabei unter Verlust der westlichen Abwalmung aus barocker Zeit angehoben, um nach mittelalterlichem Vorbild eine einheitliche Dachfläche neu erstehen zu lassen.

Entwicklung der Burganlage nach 1989

Nach der Wiedervereinigung hatte die Burg mit der Aufgabe des Internates keine Nutzung mehr und stand leer. Es begannen vom Brandenburgischen Landesamt für Denkmalpflege initiierte Sicherungsarbeiten am Dachstuhl sowie Restaurierungs- und Sicherungsmaßnahmen an der Südfassade und am Westgiebel der Kapelle. Nach Abschluß der Arbeiten und einer längeren Pause folgte 1999 die Reparatur des »Storchenturmes« und 2000 des Bergfriedes. Zu Beginn des Jahres 2000 bezog die Amtsverwaltung Ziesar das alte Back- und Brauhaus auf der Südseite des Burghofes. Mit den Sanierungsarbeiten am Palas und des angrenzenden Ostflügels wurde im November 2002 begonnen. In Vorbereitung dieser Planungen wurden durch Mitarbeiter des Brandenburgischen Landesamtes für Denkmalpflege und nachfolgend durch Studenten der TU Berlin Aufmaße des Palas und des Torbaus angefertigt sowie erste Befunde dokumentiert.[20] Die Auswertung der Arbeitsergebnisse war wichtige Grundlage für die weiteren Planungen geworden. Während der Restaurierung der Burg ab 1999 wurde

---

18 Brandenburgisches Landesamt für Denkmalpflege und Archäologisches Landesmuseum Wünsdorf (künftig BLDAM), Objektakte Burg Ziesar, Karte von Ernst Wernicke aus dem Jahr 1829.
19 BLDAM, Objektakte Burg Ziesar, Reisebericht des Dr. von Weiher (Denkmalpflege in Sachsen-Anhalt) und Dr. Brüning (Museen der Stadt Magdeburg) vom 29. August 1946.
20 Siehe den Beitrag von Stefanie Wagner und Stefan Breitling in diesem Band.

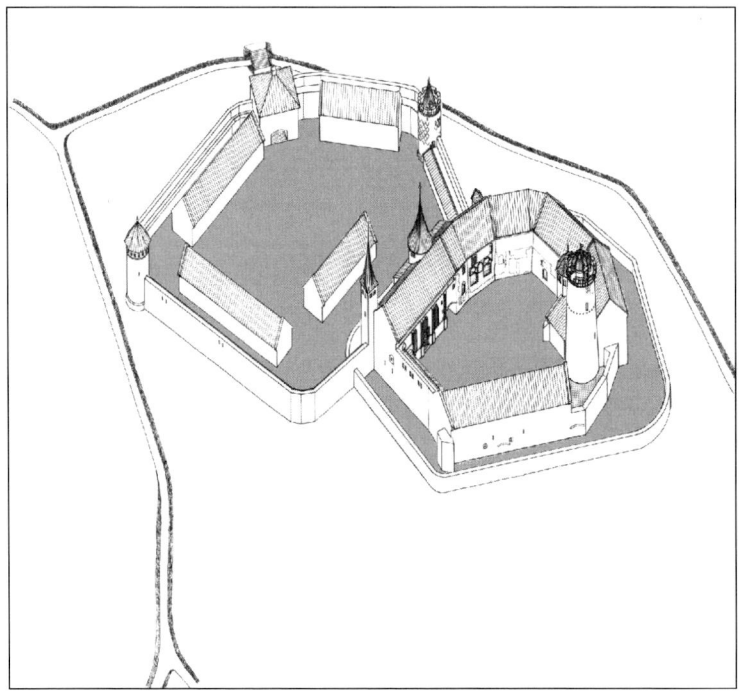

Rekonstruktion der Burganlage mit Kern- und Vorburg um 1650. Von der Vorburg ist bis auf den Storchenturm heute nichts mehr erhalten.

Rekonstruktion der Burganlage um 1800. Im Südwesten wurde die Burganlage um einen Wirtschaftshof erweitert.

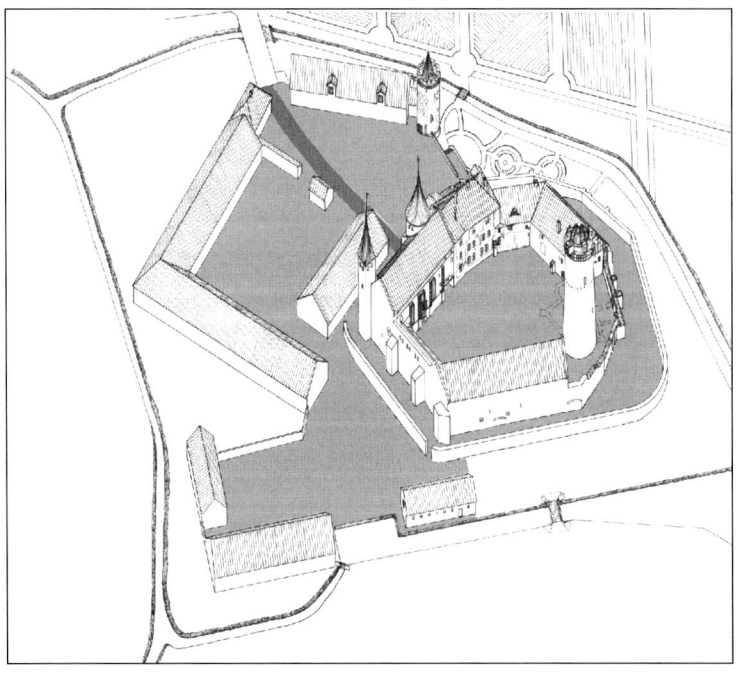

Detlev von Olk

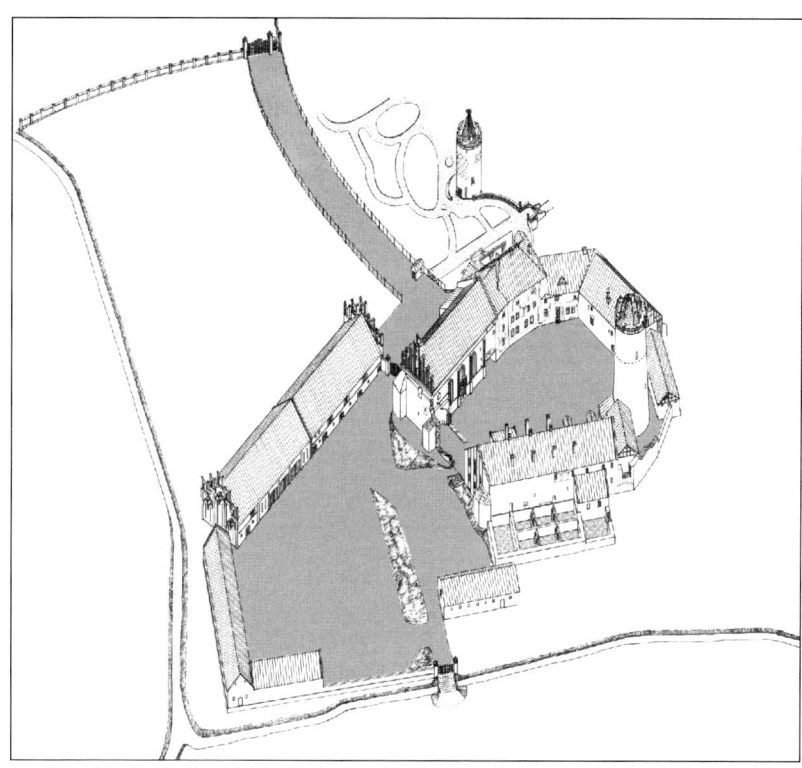

Rekonstruktion der Burganlage um 1900. Im Vordergrund sieht man die Absetzbecken der Stärkefabrik.

Darstellung der Burganlage im Zustand des Jahres 2002. In der Mitte des Wirtschaftshofes befand sich die Tankstelle des landwirtschaftlichen Betriebes.

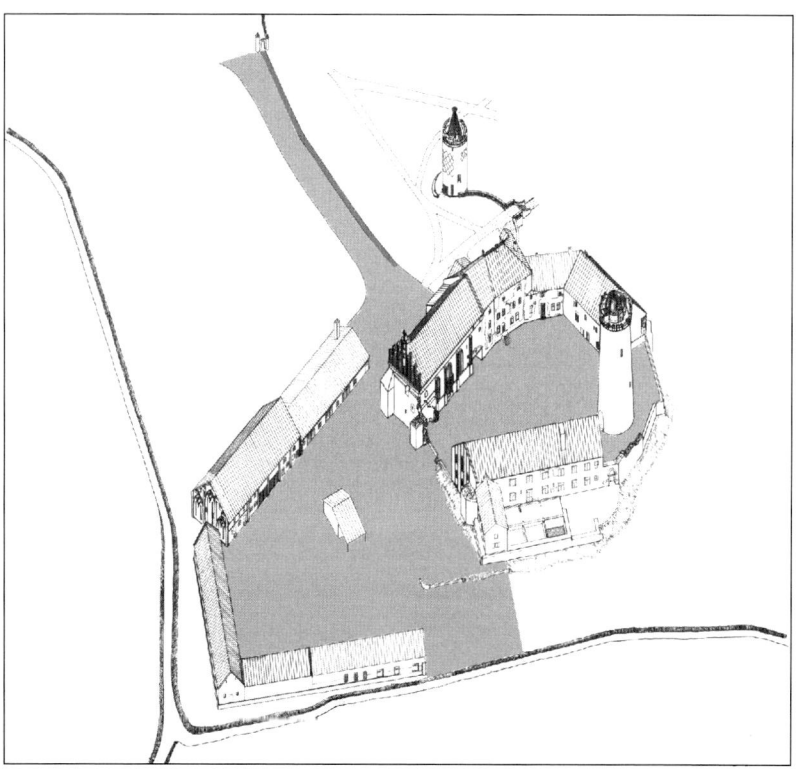

die begonnene Dokumentation fortgeführt, so daß die gewonnenen Ergebnisse das Bild der spätmittelalterlichen Bischofsresidenz verdichten konnten.

Von den ermittelten Bauphasen sind die von 1460/70 und die aus der Zeit um 1500 die bedeutendsten, weil sie aufgrund der bauhistorischen Befundlage die repräsentative Ausgestaltung der Bischofsresidenz in einer bemerkenswerten Dichte und Qualität dokumentieren. In dieser Studie konnte aufgrund der umfangreichen Befunde nur ein erster Überblick gegeben werden. Durch eine intensive Erforschung der Burg, die bereits im Vorfeld der Sanierungsplanungen begann, zeigte sich, daß mit der Bischofsresidenz Ziesar sich spätmittelalterliche Profan- und Sakralbauten erhalten haben, die in Brandenburg ohne Beispiel sind und zum Vergleich mit ähnlichen Denkmalen in Deutschland herausfordern.

Die Inschriften im »Pfaffenkeller«

Martina Voigt

Fundlage

Zu den Räumlichkeiten der Burg im Erdgeschoß gehörte nach dem Inventar von 1650 eine »Gehorsam Kammer, und unter derselben das gefängnis, der Pfaffenkeller genant.«[1] Auf der Nordwestwand dieses Kellerraumes, und nur auf dieser einen Wand, fanden sich im Zuge umfangreicher Rekonstruktionsarbeiten und bauarchäologischer Untersuchungen im Jahre 2004 unter den Putzschichten neuerer Zeit in Backsteine geritzte Graffiti.

Gesamtansicht des Gefängniskellers, Zustand 2005. An der Wand mit der Nische befinden sich die Inschriften.

Graffiti sind eine eigene Gruppe von Inschriften, deren Eigenschaften technisch die nichtprofessionelle Herstellung und inhaltlich die Übermittlung sehr privater Botschaften oder privat gemeinter Botschaften sind. Graffiti sind bekannt als Kritzeleien, »Narrenhände« oder auch als Graffiti im heutigen Sinne. Die verwendeten Techniken sind häufig Ritzungen, Einschnitzen mit scharfen Gegenständen, Aufmalen und heute auch das Aufsprühen.

Sowohl die räumlichen Gegebenheiten und bauarchäologischen Befunde als auch Form und Inhalt der Graffiti sprechen dafür, daß es sich um einen Gefängnisraum, den sogenannten »Pfaffenkeller«, handelt. Im mehr als mannshohen Raum befindet sich ein Abortloch mit unterirdischem Abfluß in Richtung Burggraben, ein Luftabzug sicherte die Sauerstoffzufuhr,

---

1   Geheimes Staatsarchiv Berlin Preußischer Kulturbesitz, I. HA, Rep. 21, Nr. 179, Inventar vom 19. November 1650 (unpaginiert).

solide Türangeln erinnern an die nicht mehr vorhandene feste schwere Tür. Die Bauzeit wird auf ca. 1470 geschätzt.[2]

Die Backsteine mit den Graffiti befinden sich offensichtlich im Originalverbund. In die Nordwestwand ist in ihrer rechten Hälfte eine nach hinten versetzte Nische mit flachem Rundbogen in der Tiefe einer Ziegellänge gemauert. Die Graffiti ziehen sich über die rechte Hälfte der linken, in der Flucht liegenden Mauer und über die Zeilen der Nische hin. In der oberen Hälfte der Nische, leicht links von der Mitte, fehlen Steine des Mauerverbandes in drei Reihen: oben ein Querstein, in der Mitte ein Längsstein, unten ein Querstein, so daß ein kreuzförmiges Loch in der Außenschicht des mehrreihigen Mauerwerks zu sehen ist. Hier steht eine Klärung aus, wann und warum die Steine entfernt wurden. Mörtelreste an den Rändern des Lochs lassen vermuten, daß die Mauer zunächst vollständig war, die Steine vielleicht erst in jüngerer Zeit gelockert oder entfernt wurden.

Die Machart der Graffiti weist eine Spannbreite von ungelenken, kritzelig ausgeführten bis hin zu gleichmäßigen, optisch anspruchsvoll gestalteten Buchstaben auf. Die Inschriften ziehen sich über einen oder mehrere Mauersteine hin. Sie sind, zum Teil auch schon bedingt durch die unterschiedliche Ritztiefe, unterschiedlich stark abgerieben und damit auch unterschiedlich gut zu erkennen. Die Backsteine haben ein Seitenflächenmaß von durchschnittlich 27 cm Breite und 8 cm Höhe. Die Buchstabenhöhen betragen zwischen 3 und 6 cm.

In der rechten Hälfte der Nische sind in den Mörtel der Fugen Löcher gesetzt, für die bisher weder Zweck noch Alter geklärt werden konnten. Es ist jedoch anzunehmen, daß sie zeitnah zu den Graffiti gebohrt wurden, vielleicht mit einem spitzen Gegenstand. Weder die Verfasser der Graffiti noch die verwendeten Werkzeuge sind bekannt. Es ist jedoch sicher, daß für das Ritzen spitze, feste Metallgegenstände notwendig waren, wie etwa ein qualitätvolles Messer.[3]

Beispiele

Von den insgesamt achtzehn unterschiedenen Einzelinschriften werden im folgenden sechs Graffiti vorgestellt.[4]

A(nn)o 1 5 14 = Im Jahre 1514
Jahresangabe auf den Seitenflächen eines längs vermauerten Ziegels und eines quer vermauerten Eckziegels in der achten Reihe des in Flucht befindlichen Wandabschnitts,

---

2 Siehe den Beitrag von Detlev von Olk in diesem Band.

3 Vgl. dazu WEHKING und WULF 1999, S. 39, die im Falle der im Göttinger Rathaus identifizierten Gefangenengraffiti davon ausgehen, daß die Werkzeuge eine Stabilität gehabt haben müssen, die über ein Brotmesser hinausgehen, also durchaus als Waffe verwendbar gewesen sein könnten.

4 Die verwendeten Zeichen folgen den Vorgaben der Deutschen Inschriften, die als von den Akademien in Düsseldorf, Göttingen, Heidelberg, Leipzig, Mainz, München und der Österreichischen Akademie der Wissenschaften Wien herausgegebene Reihe erscheint.
[...] Eckige Klammern bezeichnen Verluste im Text; ein Punkt steht dabei für einen Buchstaben. Unsichere Lesungen wurden ebenfalls in eckige Klammern gesetzt.
( ) In runde Klammern werden Auflösungen von Textabkürzungen gesetzt.
/ Ein Schrägstrich markiert das Zeilenende innerhalb einer Inschrift.
// Zwei Schrägstriche markieren den Wechsel des Inschriftenfeldes (hier den Wechsel auf den nächsten Mauerstein).

Martina Voigt

das »A« in gotischer Majuskel. Der Jahreszahl folgen eine senkrechte Kerbe auf dem ersten, vier senkrechte Kerben auf dem zweiten Stein. Die vierte Kerbe ist dreimal waagerecht durchschnitten. Rechts von ihr ist der Stein ausgebrochen, eventuell vorhanden gewesene weitere Kerben sind verloren. Die hinter die Jahreszahl gesetzten senkrechten Kerben könnten auch Buchstabenhasten sein, dann vielleicht zu lesen als »ICII«. Dazu passen aber die quer angesetzten Kerben an der vierten Kerbe des zweiten Steins nicht. Es ist daher eher an abgezählte Tage zu denken.

A(nn)o 1492 = Im Jahre 1492
Die Inschrift findet sich auf der Seitenfläche eines quer vermauerten Ziegels in der sechsten Reihe des in Flucht befindlichen Wandabschnitts. Der Verfasser beschränkte sich auf die Mitteilung des Jahres in diesem Raum.

1534 D 4 = 1534 4 Tage
Inschrift auf der Seitenfläche eines Eckziegels in der fünften Reihe des in Flucht befindlichen Wandabschnitts. Mitgeteilt wird offensichtlich das Jahr und die Dauer des Aufenthalts.

4I[5] // A(nn)o 1°5°18° // mathie Ap[osto]li // in [.]in = I im Jahre 1518 am Tage des Apostels Matthias (24. Februar)
Die in gotischer Minuskel geritzte Inschrift befindet sich in der Wandnische auf den Seitenflächen eines quer, zweier längs und eines quer vermauerten Ziegels in der sechsten Reihe.

G I // Anno 1°5°1 ba/ rtholomei Ap[osto]li = Im Jahre 1501 am Tage des Apostels Bartholomäus (24. August)
Die ebenfalls in gotischer Minuskel geritzte Inschrift befindet sich in der Wand-

nische auf den Seitenflächen zweier längs vermauerter Ziegel in der fünften Reihe und eines rechts darunter folgenden längs vermauerten Ziegels der vierten Reihe, beginnend am linken Rand der Nische.

---

5 Das »I« steht allein auf dem ersten Stein. Möglicherweise gehört es nicht zur Inschrift Nr. 12. Anderenfalls wäre hier die Initiale des Schreibers zu vermuten.

Die Inschrift ist in fein ausgeführter hebräischer Quadratschrift auf die Seitenfläche eines quer vermauerten Ziegels in der dritten Reihe der Wandnische geritzt. Der Inhalt der Mitteilung konnte bisher nicht geklärt werden, auszuschließen ist jedoch eine Datums- oder Jahresangabe. Der Verfasser war im Schreiben geübt.

Auswertung

Von den insgesamt achtzehn unterschiedlichen Inschriften sind fünf in gotischer Minuskel, vier in Kapitalis, eine in hebräischen Buchstaben und eine in Runenschrift geschrieben. Die Datierungen erstrecken sich von 1492 bis 1539 (1567) und entsprechen damit dem Bild der Schriftformen. Bei den in den Backstein gearbeiteten Zeichen handelt es sich fast ausnahmslos um Datierungen; in drei Fällen mit Tagesangabe nach dem Heiligenkalender, einmal mit lateinischer Monatsangabe. Aufmerksam macht die Angabe der Anzahl von Tagen in Form von Zahlen in drei Fällen und in Form von Einkerbungen von Zählstrichen in weiteren drei Fällen. Die kleinste Zahl ist dabei vier, die größte sieben oder sogar 45. Die oben geäußerte Annahme, es handelt sich bei diesem Kellerraum um ein Gefängnis, wird durch diese Tagesangaben gestützt.

Vor dem Ende des 15. Jahrhunderts war Gefängnishaft kein allgemeines Mittel der Strafe. Haft ist bis dahin nur im Sinne von Kriegsgefangenschaft, Geiselhaft (für Lösegeld), Schuldhaft, Untersuchungshaft und lebenslanger Haft als Ersatz für Todesstrafe bekannt. Die Inhaftierung von Geistlichen wegen Verstößen gegen Ordens- oder andere Verhaltensregeln ist in der Brandenburger Diözese durchaus angewandt worden.[6]

Die zum Teil durch ihre Initialen gekennzeichneten Verfasser der Inschriften konnten schreiben, zu einem großen Teil beherrschten sie Latein oder konnten zumindest mit lateinischen Datierungen umgehen. Sie verfügten über geeignete Werkzeuge zum Einritzen in den Backstein. Die Bedingungen der vermutlich nicht lang andauernden Haft waren ordentlich bis komfortabel. Die Verfasser gehörten offensichtlich zum Klerus oder aber auch zu den Beamten des Bischofs. Besondere Beachtung werden die drei Runenzeichen und die hebräische Inschrift finden, für die bisher noch kein befriedigendes Erklärungsmodell vorliegt.

Vergleichbare Graffiti kennt man aus dem ehemaligen Gefängnis der Stadt Göttingen und aus einer Klosterzelle im Kloster Marienstern. Für hebräische Inschriften konnten bisher keine Parallelen gefunden werden.

Die erste Bestandsaufnahme der Inschriften wird und muß weitere Forschungen nach sich ziehen. Neben den grundlegenden Fragen zu den Inhaftierten und zum Gefängniswesen auf der Burg Ziesar bedürfen die auffälligen Fugenlöcher in der Wandnische oder auch das Fehlen von Inschriften auf den anderen Wänden einer Erklärung. Die künftig zu erwartenden Ergebnisse werden nicht nur für die Bischofsresidenz Ziesar, sondern auch für die Erforschung der territorialen Rechtsgeschichte von Bedeutung sein.

---

6 Priebatsch 1901, S. 73f. und Schössler 1998, Reg. 614, S. 413f.

Die Inschriften im »Pfaffenkeller«

Burg und Landschaft

Torsten Volkmann

Die naturräumlichen Bedingungen beeinflußten maßgeblich die Lage der mittelalterlichen Burgen, Dörfer und Städte. Der jeweilige Landschaftsraum mußte für die Menschen essentielle Faktoren absichern, wie die Bereitstellung von Nahrung, Wasser und Energie, sowie den notwendigen Schutz vor Gefahren gewährleisten. Die ursächlich rein funktionalen Landschaftsbezüge einer Siedlung prägten über Jahrhunderte ihre Gestalt und Ansicht. Sie waren verknüpft mit emotionalen Wirkungen auf die Menschen. Die Wahrnehmung beispielsweise einer hochaufragenden Burg über einer weiten Niederung dürfte bei der einheimischen Bevölkerung völlig andere Emotionen ausgelöst haben als bei Feinden in einer kriegerischen Auseinandersetzung.

Die Art und Weise der Aneignung des Landschaftsraumes vor der Siedlung ist abhängig vom jeweiligen Entwicklungsstand der Gesellschaft und deren Verhältnis zur Natur. Durch die Analyse des heutigen Siedlungs- und Landschaftsbestandes können dessen genetische

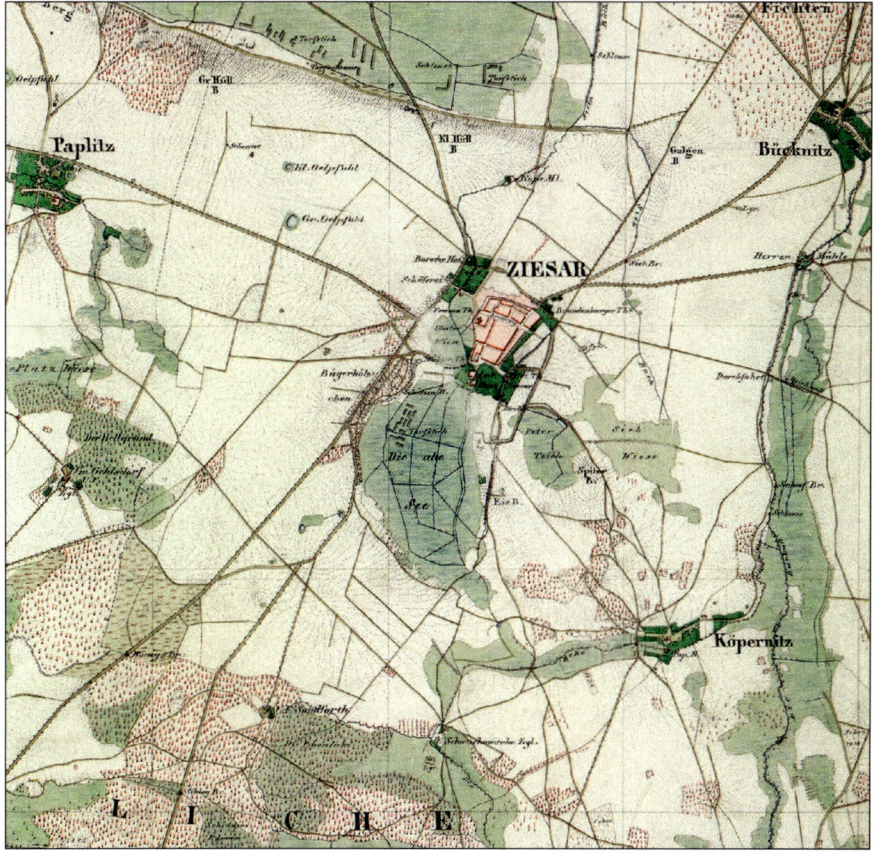

Urmeßtischblatt von 1842 (Ausschnitt). Die ehemaligen Wasserflächen sind im Plan blaugrün als Sumpfwiesen gekennzeichnet.

Strukturen in Grundzügen kenntlich gemacht werden. Deren Respektierung und behutsames Nachzeichnen bei der Stadtentwicklung bietet wichtige Momente für die Stadtgestaltung und ist ein wesentlicher Faktor bei der Herausbildung der Identifikation der Bevölkerung mit ihrer Siedlung.

Die naturräumliche Lage des Ortes

Ziesar liegt im nördlichen Vorland des Flämings in einer Grundmoränenlandschaft, die ihre wesentliche Ausformung im Warthestadium der Saale-Eiszeit erfuhr. Die ursprünglich vielfältige Landschaftsstruktur mit zahlreichen Flüssen und Seen wurde in den nachfolgenden Jahrtausenden während der Eem-Warmzeit, der Weichsel-Eiszeit sowie der gegenwärtig noch andauernden Postglazialzeit durch Erosion und Sedimentation nivelliert. Dieser Prozeß spiegelt sich in der Geschichte der großen, heute vollständig verlandeten Seen südlich und südöstlich Ziesars wider. Zwei Kilometer nördlich der Stadt befindet sich das weite Niederungsgebiet des Fiener Bruchs, das als Teil eines Urstromtals entwicklungsgeschichtlich der jüngeren Weichsel-Eiszeit zuzuordnen ist.

Ansicht der Burg Ziesar von Süden nach einer Postkarte von 1909. Am rechten Bildrand sind Reste des Petri-Teichs zu erkennen.

Die Burg entstand auf der Landbrücke zwischen dem unpassierbaren sumpfigen Fiener Bruch und den im vorigen Jahrtausend noch wasserführenden großen Seen, dem ca. zwei Kilometer langen und anderthalb Kilometer breiten »Alten See«, dem 1550 zum Petriteich angestauten kleineren See östlich davon und einem noch weiter östlich gelegenen und damals schon stärker verlandeten See, aus dem im 18. Jahrhundert durch Trockenlegung die Siebwiesen entstanden.

Die verteidigungsstrategisch günstige Lage einer kleinen Landzunge am Nordostufer des »Alten Sees« ausnutzend, entstand schon zu mittel- bis spätslawischer Zeit ein künstlich

Torsten Volkmann

erhöhter Hügel, der als Burgwall befestigt war. Der Name Ziesar nimmt auf diese Ortslage Bezug. Vom Altpolabischen, der untergegangenen Sprache der Elb- und Ostseeslawen, kann der Name von »Zajezére« als »Ort hinter dem See« abgeleitet werden.

Die Gärten der Bischofsresidenz

Im Zusammenhang mit dem Ausbau der Burg vom 12. bis zum 15. Jahrhundert wurden die Vor- und Hauptburg vollständig mit einem Wassergraben umzogen. Dessen Wasserzufuhr erfolgte über den Steingraben, der westlich der Burg den »Alten See« in nördlicher Richtung zum Fiener Bruch entwässerte. Zumindest in einzelnen Abschnitten war der Graben auch durch eine wallartige Geländeanschüttung gefaßt. Südlich der Burg wies der Graben zwei rechteckige, teichartige Aufweitungen auf. Bis Anfang des 19. Jahrhunderts blieb der Burggraben weitgehend erhalten. Heute existiert nur noch südlich der Burg ein kurzer Abschnitt einschließlich des Erdwalls. Beide Elemente sind in die Parkgestaltung integriert. Für die Wasserversorgung der Burg spielte dieser Graben keine Rolle. Der Bedarf an Trinkwasser konnte aus Brunnen und Zisternen gedeckt werden. Ein Brunnen wird beispielsweise in einem Inventar von 1650 erwähnt.[1] Er wurde bei Grabungen 2003 auf dem Innenhof der Burganlage wiederentdeckt.

Die Gärten an den mittelalterlichen Burgen dienten in erster Linie der Versorgung der Bewohner mit Lebensmitteln. Innerhalb der Befestigungsanlagen war der Platz im allgemeinen zu beschränkt, um ausreichend Fläche für Gärten zu bieten. Die Bereiche unmittelbar vor der Burg mußten aus verteidigungsstrategischen Gründen von allem höheren Bewuchs freigehalten werden. Allenfalls in längeren Friedensperioden war die Entstehung kleinerer Gärten unmittelbar vor den Mauern ohne höher dimensionierte Elemente wie Bäume oder Gartenlauben denkbar. Größere Gärten befanden sich dagegen in einiger Entfernung zur Burg.

An der Burg in Ziesar sind für das Mittelalter keine Gärten belegt. Die Quellenlage ist hierfür auch völlig unzureichend, so daß deren Existenz nur rein hypothetisch angenommen werden könnte. Für das Jahr 1550 werden erstmals zwei Tiergärten genannt.[2] Diese lagen nordwestlich (Großer Tiergarten) und südwestlich der Burg (Kleiner Tiergarten) in einer feuchten Niederung. Ihre Gestaltung und Funktion ist nicht überliefert. Im allgemeinen handelte es sich bei den Tiergärten um größere eingefriedete waldartige Partien, in denen Tiere für waidmännische Zwecke gehalten wurden. In Ziesar kann bei der grundwassernahen Lage eigentlich nur von einem eingezäunten Erlenbestand ausgegangen werden. Heute befinden sich auf der Fläche des Großen Tiergartens eine weite Wiese, die im Urmeßtischblatt von 1842[3] als Klosterwiese bezeichnet wird, und auf der des Kleinen Tiergartens Siedlungshäuser und Hausgärten.

Mitte des 16. Jahrhunderts werden im Umfeld der Burg weitere Gärten erwähnt, so der Garten des Baumeisters des Bischofs Joachim von Münsterburg (1545–60), Jakob Schütz, den er aus einer Sumpfwiese durch die Anlegung von Entwässerungsgräben und einer Geländeanschüttung gewann.[4] Weiterhin wird ein Garten am See mit einem Weinberg genannt.[5]

---

1   1650 wird ein »Waßerbrunn auf dem hinteren Schlossplatz« erwähnt. Vgl. Brandenburgisches Landeshauptarchiv Potsdam (künftig BLHA), Rep. 2, D 20980, Bl. 15r. Eine vollständige Bestandsaufnahme der Archivalien und Literatur zu Ziesar und seinen Garten- bzw. Parkanlagen in: BULACH 1999.
2   RIEDEL 1856, CDB, A 10, S. 49.
3   Urmeßtischblatt Ziesar, M 1:25 000, aufgenommen und gezeichnet von Maull 1842. Vgl. Staatsbibliothek zu Berlin – Preußischer Kulturbesitz (künftig SBPK), Nr. 2036.
4   RIEDEL 1856, CDB, A 10, S. 56.
5   RIEDEL 1856, CDB A 10, S. 49.

Zur Vorburg, die nach der Umwandlung der Burg in einen kurfürstlichen Amtssitz 1571 als Vorwerk bezeichnet wurde, gehörten Mitte des 17. Jahrhunderts neben einem Weinberg auch Kraut- und Obstgärten.[6] 1691 erfolgten zur Abwehr von Überschwemmungen Arbeiten am Steingraben. Am Ufer konnten nach einer Erhöhung des Terrains einige Felder angelegt werden.[7] 1692/93 ist ein Garten vor dem Schloß erwähnt.[8] Ein weiterer Garten ist für das späte 18. Jahrhundert auf einer Fläche nordwestlich der Burg belegt.[9] Unmittelbar östlich der Stadt, vor dem Petritor, befand sich der ebenfalls 1692/93 erwähnte Weinberg.[10] Dieser existierte noch bis Anfang des 18. Jahrhunderts, heute weist lediglich ein Straßenname darauf hin. Bei den Gärten dürfte es sich überwiegend um reine Nutzgärten gehandelt haben. Die Existenz von Ziergärten in dieser Zeit ist nicht belegt, aber auch nicht ausgeschlossen.

Anfang des 18. Jahrhunderts wurde mehrfach der schlechte bauliche Zustand der Burg beklagt. Scheinbar ließen die wirtschaftlichen Verhältnisse die Bauunterhaltung nicht in ausreichendem Maße zu. Für diese Zeit sind auch keine weiteren neuen Gärten belegt. Die Mitte des 18. Jahrhunderts einsetzende intensive Trockenlegung der Teiche und Sümpfe diente der Erschließung neuer Wiesen und Ackerflächen. Von 1775/77 bis 1784/85 erfolgte die Melioration des Fiener Bruchs. Um 1880 wurde der »Alte See« trockengelegt. In der Folge senkte sich der Grundwasserspiegel, was zu negativen Auswirkungen bei den bestehenden Feldern führte. Als letzter Teich verschwand um 1928 der Petriteich.

Die Herausbildung der Parkanlage

Nördlich der Burg entstand 1775 vor dem Mühlentor das Haus des preußischen Königs Friedrichs II. (1740–86). Diesem war südöstlich ein großer, bis an den Burggraben heranreichender Garten vorgelagert. Die zeitgenössischen Pläne zeigen eine große, regelmäßig von Heckenquartieren gegliederte Fläche.[11]

Die zahlreichen Wegekreuzungen waren jeweils als kreisförmige Plätze aufgeweitet. Zumindest zeitweilig wurde die Hauptachse des Gartens, die von der Gebäudemitte nach Südosten verlief, zusätzlich durch eine Alleebepflanzung betont. Dieser Garten scheint bereits in der ersten Hälfte des 19. Jahrhunderts wieder verschwunden zu sein.

Der Plan von 1799[12] dokumentiert erstmals gärtnerische Strukturen innerhalb der durch den Burggraben gefaßten Fläche. Dabei kann es sich durchaus schon um eine ältere Anlage handeln. Im gleichen Plan ist unterhalb der Burggebäude an der Nordostseite eine kleine Gartenpartie dargestellt. Sie wird durch zwei kreisförmige, mit Hecken eingefaßte Plätze gegliedert, deren Mittelpunkt durch eine Pflanzung akzentuiert ist. Der Standort des südlichen Platzes markiert sich im heutigen Park durch die noch vitale Ruine einer Platane.

Vom Hof vor dem Amtshaus führen nach dem oben genannten Plan zwei Abgänge in den Garten hinunter, die in einen halbkreisförmig verlaufenden Weg münden. Dieser wiederum bindet an einen Weg an, der dem Verlauf des Burggrabens nach Süden folgt.

6   BLHA, Rep. 2, D 20980, Bl. 43r.
7   BLHA, Rep. 2, D 21301, Nr. 3.
8   BLHA, Rep. 2, D 20966 (unpaginiert).
9   Grundriß Ziesar nach einer Zeichnung von 1775, M ca. 1:300. Vgl. SBPK, SX 36870.
10 BLHA, Rep. 2, D 20966 (unpaginiert).
11 Vgl. Anm. 9. – Plan Amt Ziesar 1799: Specieller Plan von dem Königlichen Amte Ziesar, gezeichnet von Dunckelmann. Vgl. Landeshauptarchiv Sachsen-Anhalt, Abt. Magdeburg, Rep. C 28 III A, Ortskarten, Nr. 508. Grundriß Ziesar um 1800. Vgl. SBPK, SX 36871.
12 Plan Amt Ziesar 1799. Wie Anm. 11.

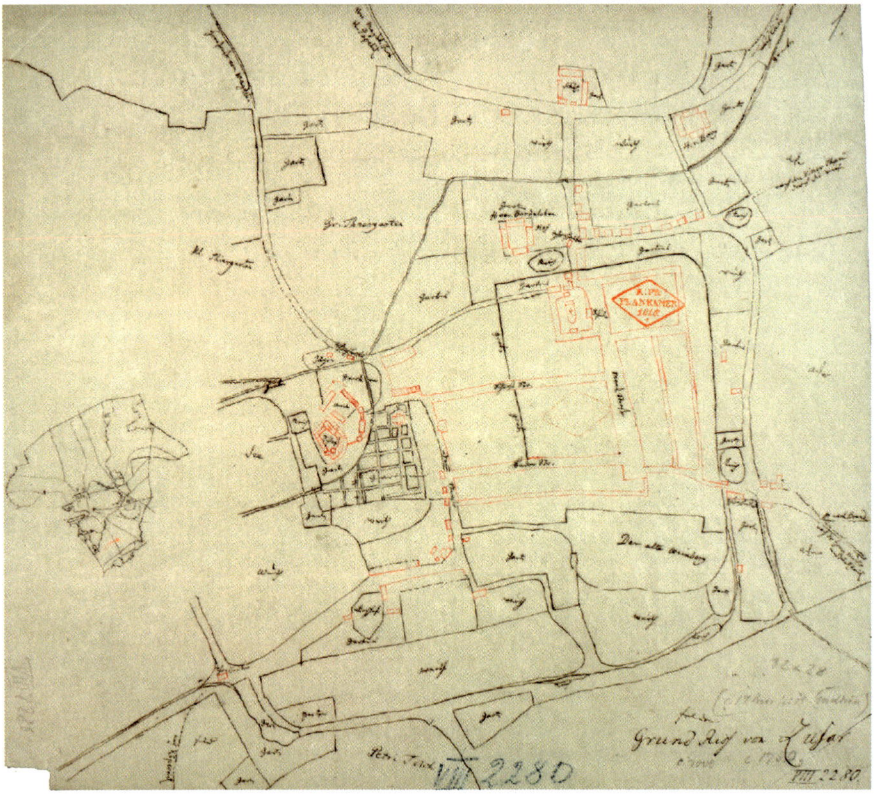

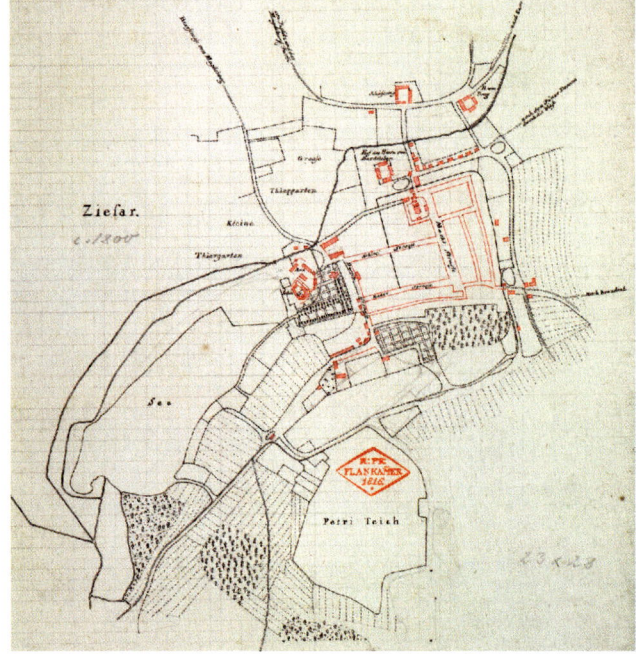

Grundriß der Stadt Ziesar
vor 1775. Auf dem Plan
sind die ältesten überlie-
ferten Parkstrukturen bei
der Burg zu sehen.

Grundriß der Stadt Ziesar
um 1800. Deutlich er-
kennbar sind die Ende
des 18. Jahrhunderts neu
angelegten Alleen im
Park.

Burg und Landschaft   49

Gartenpartie nordöstlich der Burg, Zustand 2004. Die Ruine der Platane ist der einzige Rest des Gartens aus dem 18. Jahrhundert.

Nach der Auflösung des Domänenamtes 1819/20 gelangte die Burg in Privatbesitz. Die Gartenflächen an der Burg und am ehemaligen Haus König Friedrichs II. wurden fortan als einheitliche Fläche behandelt. Um 1850 entstand westlich und südlich der Burg ein landschaftlich gestalteter Park, in dem die Reste der Gestaltung aus dem späten 18. Jahrhundert wie die schon erwähnte Platane integriert waren. Diese Anlage erfuhr dem Zeitgeschmack entsprechend in der zweiten Hälfte des 19. und Anfang des 20. Jahrhunderts in Teilbereichen Überformungen. Das Erscheinungsbild dieses Parks läßt sich heute nur noch bruchstückhaft aus dem Bestand ableiten oder anhand historischer Abbildungen rekonstruieren. Neben

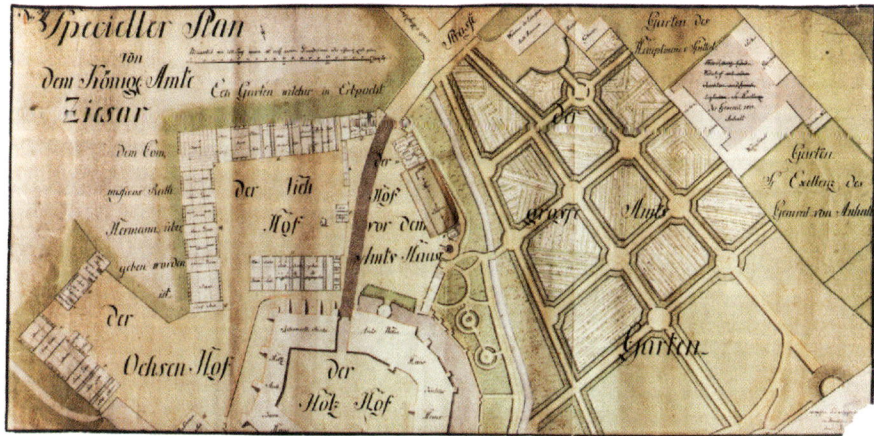

Plan der barocken Parkanlage um 1799. Die Wegeführung war nicht auf die Burg, sondern auf das Haus Friedrichs des Großen ausgerichtet.

Torsten Volkmann

Burg Ziesar von Norden auf einer Photographie von 1896. Im Vordergrund befindet sich der im 19. Jahrhundert angelegte Ziergarten.

weiträumigen Partien mit größeren baumbestandenen Wiesen im Süden und Osten gab es kleinteilig strukturierte Bereiche mit einem engmaschigen, stark geschwungen geführten Wegenetz. Hier standen auf den Rasenflächen zwischen den bekiesten Wegen zahlreiche Ziersträucher und Hochstammrosen. Zu dieser Zeit war die Zufahrt zur Burg mit einer Allee aus kleinkronigen Bäumen gefaßt. Eine auf dem Burghof um die Jahrhundertwende dicht vor der östlichen Gebäudekante gepflanzte Kastanie wurde im Zuge der Sanierungsarbeiten gefällt.

Nach 1945 dienten Teile des Parks als Gartenland zur Unterstützung der Ernährung der Bevölkerung. In den 1950er Jahren erfuhr der Burgpark eine intensive Umgestaltung zum Volkspark der Stadt. Der nördliche Parkabschnitt wurde unter Auflösung der Gartenparzellierung erneut als einheitlicher Freiraum ausgeformt und durch ein großzügig geführtes Wegesystem erschlossen. Den Mittelpunkt eines großen Wiesenraums bildet ein runder Springbrunnen, der heute außer Betrieb ist. Die Parkränder wurden mit zahlreichen neuen Gehölzen, darunter viele Ziersträucher und Koniferen, bepflanzt. Die Freiflächen im südlichen Parkbereich schloß man dagegen aus der Parkgestaltung weitgehend aus. Sie dienen seit Anfang der 1960er Jahre als Aufforstungsfläche für schnellwüchsige Pappeln, einem Beschluß der DDR-Regierung zur Steigerung der Rohholzproduktion folgend.[13] Seit 1975 setzt ein sowjetisches Ehrenmal am Rand der zentralen Parkwiese einen neuen gestalterischen und funktionalen Akzent.

---

13   Ein seit 1948 laufendes Pappelanbauprogramm zur Steigerung der Rohholzproduktion für die Deckung des Zellstoffbedarfs wurde seit 1953 verstärkt auch in historischen Parkanlagen umgesetzt. Vgl. Brandenburgisches Ministerium für Ernährung, Landwirtschaft und Forsten, Potsdam 1998, S. 147, 199, 307f.

Gartendenkmalpflege und Sanierungsvorhaben

Die 1984 erfolgte Eintragung des Burgparks in die Denkmalliste des Landkreises Brandenburg wurde mit dem Vorhandensein von Resten des mittelalterlichen Burggrabens, dem zum Teil dendrologisch wertvollen Baumbestand sowie der politischen Bedeutung des sowjetischen Ehrenmals begründet. Die historisch geprägte Gartengestaltung des 19. und frühen 20. Jahrhunderts spielte aus Mangel an Originalsubstanz dabei nur eine untergeordnete Rolle.

In den 1980er Jahren setzte auf den weiträumigen Wiesenflächen des ehemaligen »Alten Sees« eine Verbuschung ein. Vor allem an den Grabenrändern wachsen seitdem dichte Bestände von Erlen. Sie beeinträchtigen erheblich die Ansicht und damit das Erscheinungsbild der Burg aus der Landschaft heraus.

Südlicher Parkrand mit Blick in die Wiesenflächen des »Alten Sees«, Zustand 2004. Im Hintergrund verdecken Erlenreihen die Aussicht in die Landschaft.

Die gestalterisch wünschenswerte Freistellung der ehemaligen Seefläche von sichtbehindernden Baumreihen scheitert derzeit an den naturschutzrechtlichen Belangen. Danach wird dem massenhaften Auftreten der Erlen auf den Feuchtwiesen ein so hoher ökologischer Wert beigemessen, daß eine Reduzierung auf einzelne Gehölzgruppen nicht realisierbar ist. Somit kann die für die Gründung der Burg und der Stadt ursprüngliche Lage an der weiträumigen Fläche des ehemaligen Sees gegenwärtig nicht wahrgenommen werden. Die anderen Flächen der ehemaligen Seen und Teiche sind heute überbaut oder in landwirtschaftlicher Nutzung und in ihrer Lage zur Burg nicht so prägnant für die Wahrnehmung der Wechselbeziehung zwischen Burg und Landschaft.

Der heutige Parkbestand enthält Gestaltungselemente aus den unterschiedlichsten Zeitepochen, auch wenn diese teilweise nur noch in Spuren vorhanden sind. Der Graben und

Torsten Volkmann

die Erdwälle sind in Teilen wohl noch der mittelalterlichen Befestigung zuzuordnen. Mit der Platane ist ein Rest der Gartengestaltung des 18. Jahrhunderts erhalten. Einzelne Gehölze sowie die teichartige Ausformung des Grabens gehören dem 19. und frühen 20. Jahrhundert an. Die heute prägende Raumstruktur mit der weiten Wiese östlich der Burg, den dichten Gehölzpartien am Parkrand, den Erdwällen und Pappelpflanzungen im Süden ist der Parkgestaltung der 1950–70er Jahre zuzuordnen. Das sowjetische Ehrenmal wurde nach 1990 bis auf die Stele rückgebaut.

Seit den 1990er Jahren laufen im Park verschiedene Arbeiten zur Sicherung des Parkbestands. Durch eine wissenschaftlich erarbeitete Bestandserfassung und Analyse wurde im Jahr 2000 die Grundlage einer gartendenkmalpflegerischen Zielplanung geschaffen.[14] Darin ist die Erhaltung der Vielschichtigkeit der Parkanlage als wichtigstes Bindeglied zwischen der Burg und der Landschaft verankert. Die prägenden Gestaltungsmittel wie der Burggraben mit dem Erdwall, die Altgehölze und das Wegesystem werden erhalten und je nach Notwendigkeit repariert, erneuert bzw. neu ausgeformt.

Vor allem im südlichen Parkbereich konnten erst kürzlich zur Verbesserung der Beziehung zwischen der Burg, dem Park und der anschließenden Landschaft die unkontrolliert aufgewachsenen Gehölze am Parkrand und ein Großteil der Pappeln beseitigt werden. Die Wiederherstellung der weiten Sichten auf die ehemalige Seefläche ist, wie schon erwähnt, wegen der Erlengehölze gegenwärtig noch nicht möglich.

Burggraben im Park nach der Neuausformung im Jahr 2003

---

14 PAASCH 2000.

Das Denkmal

Das Denkmal Bischofsresidenz Burg Ziesar in der Kulturlandschaft Brandenburgs

Thomas Langer und Mario Müller

Zur Bedeutung von Denkmalen

In den Verfassungen und Denkmalschutzgesetzen der einzelnen Bundesländer spiegelt sich heute ein historisch gewachsenes Verantwortungsbewußtsein gegenüber dem kulturellen Erbe wider, das in der Bewahrung der Kulturlandschaft die Grundlage für das gegenwärtige und künftige Leben versteht.[1] Denkmalschutz bekam per Gesetz ein besonderes Gewicht und wurde zum öffentlichen Interesse erhoben. Mittlerweile wurden ganze Landschaften mit ihrem Denkmalbestand neu entdeckt, saniert, restauriert und vielfach der Öffentlichkeit zugänglich gemacht. Auch die Bewahrung brandenburgischer Denkmale erhielt mit der deutschen Wiedervereinigung ein größeres Gewicht als in den Jahrzehnten zuvor. Erhebliche Investitionen, die vor allem aus den alten Bundesländern flossen, kamen der Sicherung und Erhaltung des kulturellen Erbes zugute.

Nach dem Gesetz über den Schutz und die Pflege der Denkmale und Bodendenkmale im Land Brandenburg von 1991 werden unter Denkmalen »Sachen, Mehrheiten von Sachen oder Teile von Sachen« verstanden, »an deren Erhaltung wegen ihrer geschichtlichen, wissenschaftlichen, technischen, künstlerischen, städtebaulichen oder volkskundlichen Bedeutung ein öffentliches Interesse besteht.«[2] Denkmale sind demnach Träger geschichtlicher Informationen zur Bau- und Kunstgeschichte, Gartenbaukunst, Siedlungs-, Verkehrs- und Technikgeschichte, die maßgeblich Lebenswerte im gegenwärtigen Gemeinwesen prägen. In ihrer materiellen Gestalt vermitteln Denkmale als einmalige Zeugnisse geschichtliche Entwicklungen. Häufig geben sie dabei die ursprüngliche Ausstrahlung zu erkennen, zeigen aber auch Spuren vielfältiger (Um-)Nutzungen seit ihrer Entstehung.

In der brandenburgischen Kulturlandschaft dominieren Kirchen, Klöster, Burgen, Dörfer und Städte mit ihren oftmals beeindruckenden Silhouetten. Besonders durch ihr Erscheinungsbild halten diese Denkmale die Leistungen der Vergangenheit und die Erinnerungen an historische Ereignisse wach. Die in großen Teilen durch die herrschende Hohenzollerndynastie (1415–1918) geprägte Kulturlandschaft Brandenburgs reicht mit ihren Wurzeln ins hohe Mittelalter zurück. Mit Beginn des deutschen Landesausbaus in der zweiten Hälfte des 12. Jahrhunderts entstand – beeinflußt durch stilistische Neuerungen aus Frankreich, Italien und durch die christlichen Ordensgemeinschaften – über Jahrhunderte eine bedeutende Baukultur.

Neben zahlreichen Herrenhäusern und Schlössern sind es Burgen, die in der brandenburgischen Kulturlandschaft einen bedeutsamen Platz einnehmen. Sie waren über das Mittelalter hinaus einerseits Zeichen von Herrschaft und adligem Repräsentationsbedürfnis, andererseits Mittelpunkt eines regionalen Verwaltungs-, Wirtschafts- und Rechtsbezirks. In Brandenburg entstanden überwiegend Niederungsburgen, Höhenburgen hingegen sind in

---

1 Vgl. dazu am Beispiel der Verfassung des Landes Brandenburg: KARG 2001, S. 4.
2 Der vollständige Gesetzestext ist abgedruckt in: DENKMALPFLEGE 2001, Bd. 2, S. 923–928. Dieses Gesetz war Grundlage für alle denkmalrelevanten Entscheidungen während der Sanierung der Burg Ziesar. Am 24. Mai 2004 trat das neue Denkmalschutzgesetz des Landes Brandenburg in Kraft.

Luftbild der Burg Ziesar aus dem Jahr 1936. Die Bischofsresidenz Burg Ziesar ist dem Bautyp nach eine Niederungsburg. Sie war im Mittelalter umgeben von Wällen, Gräben, Sumpfwiesen und Seen.

flachen oder hügeligen Landschaften eher die Ausnahme. Die Bischofsresidenz Ziesar ist eine Niederungsburg, deren Anfänge ins 10. Jahrhundert zurückreichen. An einer ehemals bedeutenden, weitaus älteren Wegeverbindung zwischen Magdeburg und Brandenburg gelegen[3], erheben sich die vom Bergfried hoch überragten Mauern der Burg. In den Besitz der Bischöfe von Brandenburg gelangte Ziesar mit der Gründung des Bistums 948. Seitdem hatten die Bischöfe ein wesentliches Interesse am Ausbau der Burg.

Vom slawischen Rundwall zur Residenz

Die Bedeutung der Burg Ziesar für die brandenburgische Kulturlandschaft gründet in der gut erhaltenen, mittelalterlichen Bausubstanz und der Residenzfunktion für den Bischof. Bauhistorisch dokumentiert die Burganlage eine 1000jährige Geschichte. Sie nahm ihren Anfang im slawischen Rundwall aus dem 10. Jahrhundert, auf dem die bischöfliche Burg errichtet

Suchschnitt bei archäologischen Grabungen im Jahr 2004. Deutlich zu erkennen sind die unterschiedlichen Kulturschichten; im unteren Abschnitt liegen die Befunde der slawischen Wallanlage aus dem 10. Jahrhundert.

---

3   SCHICH 1990.

wurde. Vom 14. bis zum 16. Jahrhundert erreichte das Bauwerk im künstlerisch anspruchs-
vollen Ausbau der Burg zur Residenz einen einmaligen Höhepunkt, der noch gegenwärtig
faßbar und zentraler Bestandteil im »Zwei-Wege-Modell« der Museumskonzeption ist.[4]
Augenscheinlich schlägt sich ebenfalls die dritte, barocke Bauphase im Bauensemble nieder:
Kennzeichen der nachreformatorischen Umnutzung der Bischofsresidenz als Amtssitz der
kurfürstlichen Domäne Ziesar.[5]

Die Burg Ziesar unterscheidet sich durch ihre repräsentative, schloßähnliche Ausgestaltung im Mittelalter von anderen Burgen in Brandenburg und in benachbarten Regionen. Der
Grund für diese Ausgestaltung lag in der politischen Stellung der Burgherren, den Bischöfen.
Sie waren Reichsfürsten, gehörten also zur exklusivsten Schicht der mittelalterlichen Gesellschaft. Das drückte sich unter anderem in der direkten Belehnung mit Gütern und Rechten
durch den deutschen König aus und in dem damit verbundenen Status eines eigenständigen
Landesherrn. In erster Linie aber waren Bischöfe geistliche Würdenträger, die an der Spitze
der Bistumsorganisation standen. Die Verbindung von geistlichen Würden und weltlicher
Herrschaft schlug sich im politischen Handeln und in kulturellen Ausdrucksformen der Bischöfe nieder. Die Burg Ziesar ist neben der Brandenburger Dominsel ein historisches Zeugnis,
in dem dieser reichs- und kirchenfürstliche Anspruch der Bischöfe von Brandenburg wie an
keinem anderen Ort zur Geltung kommt.

Der Funktion nach war die Burg Ziesar Residenz der Bischöfe. Begriffshistorisch beschreibt
»Residenz« den Wohnort einer Person. Gerade in bezug auf Reichsfürsten umspannt der

Ansicht der Stadt Brandenburg 1590, Gemälde von Johannes Ruischer, um 1650. Den Mittelpunkt des
Bistums bildete die Dominsel in Brandenburg. Dort befanden sich das Prämonstratenserkloster des
Domkapitels und der Dom. Er war geistliches Zentrum des Bischofs und häufigster Austragungsort der
Bistumssynoden.

Begriff für die mittelalterliche Geschichtsforschung aber ein viel größeres Bedeutungsspek-
trum.[6] Ausgehend von dem Umstand, daß mittelalterliche Herrschaft nur dann ausgeübt
werden konnte, wenn sich der Herrscher auf Reisen begab, waren Residenzen Zwischen-
stationen während des ständigen Unterwegsseins. Innerhalb dieses verfassungsrechtlichen
Phänomens heben sich Residenzen durch ihren Besitzstatus ab. Während Reichsfürsten in
ihrem Herrschaftsraum häufig über das Recht verfügten, sich in den Häusern ihrer Vasallen,
in Klöstern oder anderen geistlichen Unterkünften aufzuhalten, waren Residenzen Eigentum
des Herrschers und mußten von ihnen unterhalten werden. Das trifft auch für Ziesar zu. Dort

---

4   Siehe den Beitrag von Clemens Bergstedt und Heinz-Dieter Heimann in diesem Band.
5   Siehe den Beitrag von Detlev von Olk in diesem Band.
6   Zur Residenzenforschung in Auswahl: HIRSCH 2003, NEITMANN 1990, PARAVICINI 2003.

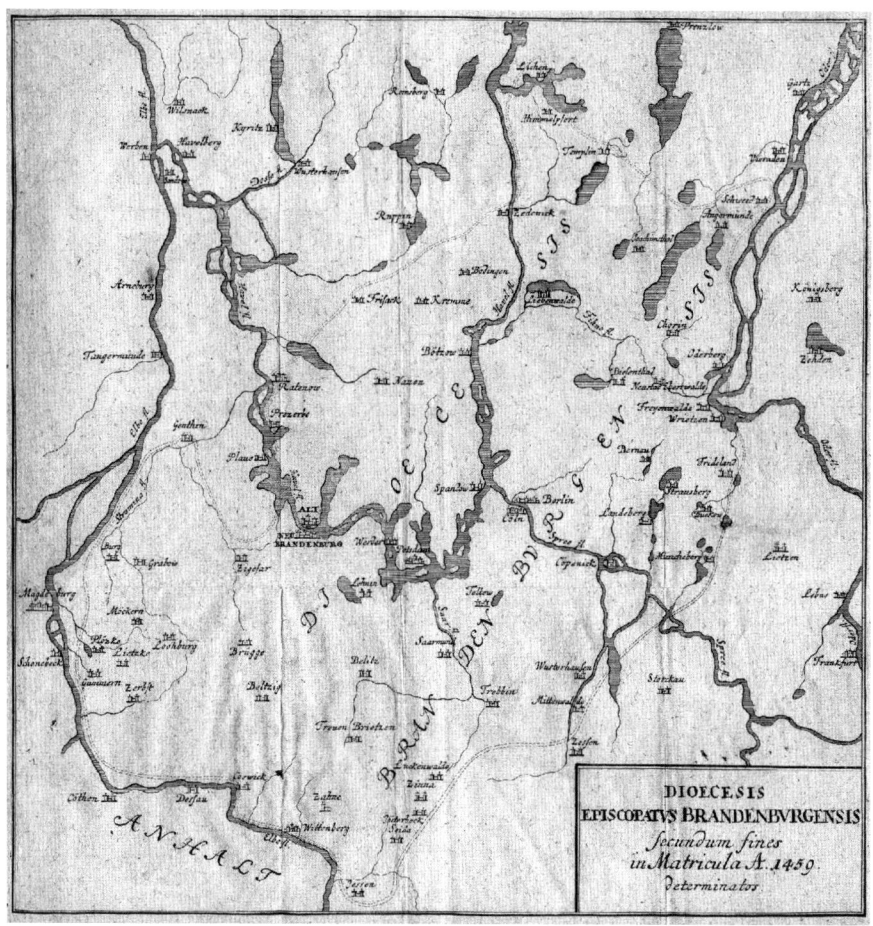

Die Karte des Landeshistorikers Philipp Wilhelm Gercken (1722–91) von 1766 ist die älteste kartographische Darstellung der bischöflichen Verwaltung im späten Mittelalter. Sie beruht auf einer Bistumsmatrikel des Jahres 1459, in der Bischof Dietrich von Stechow (1459–72) alle bischöflichen Verwaltungsmittelpunkte (*sedes*) mit den dazugehörigen Orten erfassen ließ.

befand sich von allen bischöflichen Besitzkomplexen – Tafelgut genannt – der größte, mit relativ umfänglichen Gütern um den Ort herum.

Die Einnahmen aus den um die Burg gelegenen Gütern sowie aus der Stadt Ziesar, in der die Bischöfe ebenso über einträgliche Einnahmequellen verfügten, gewährleisteten die wirtschaftliche Grundversorgung des immer größer werdenden Hofes. Die Verwaltung des Burgbezirkes führten besoldete Amtsleute. Sämtliche Kosten der Unterhaltung von Personal und Haus gingen zu Lasten der Bischöfe. Ein »Register des Hoffgesindes des Hauses Ziesar«, eine Besoldungsliste aus dem Rechnungsjahr 1559/60, vermerkt eine stattliche Anzahl von Personen, die ständig in der Residenz tätig waren: Sekretär, Kastner (zuständig für die Verwaltung der Ein- und Ausgaben), Arzt, Kornschreiber, Fischer, Torhüter, Wärter, Türsteher, Schweinhirt, Wildhirte, Meyer, Hutmeister (hier: hüten), Gärtner, Teichknecht, Küchenmeister, Hauskoch, Küchenjunge, Braumeister, Weinschenk, Vogt, Heideläufer (eine Art Vorgänger des Försters), Wagenknecht, Futterschmied, Böttcher, Hofschmied, Pfarrer, Zöllner und

Thomas Langer und Mario Müller

Schäfer.[7] Diese direkte Besoldung und Verwaltung durch den Bischof wird Eigenhaushalt genannt, unbedingtes Kennzeichen einer Residenz: Denn »jede Residenz verfügte über einen Eigenhaushalt, aber nicht jeder Eigenhaushalt« muß gleichfalls »Beleg für eine Residenz« sein.[8]

In der Besoldungsliste fällt auf, daß die Bischöfe in Ziesar nicht über einen Kanzler, Notar oder andere Personen verfügten, die Aufgaben der herrschaftlichen Verwaltung des Bischofs oder des Bistums wahrnahmen. Das hängt einerseits mit der Bistumsorganisation zusammen, deren Administration zu einem Großteil vom Brandenburger Domkapitel bestritten wurde, andererseits mit der mittelalterlichen Reiseherrschaft. Reiseherrschaft bedingte mobile Verwaltungsstrukturen. Diese werden unter anderem mit dem recht offenen Begriff »Hof« umschrieben, der sich immer in der Nähe des Herrschers befand und sich demzufolge mit ihm auf Reisen begab. Eine Residenz war demnach nicht Ort fester, herrschaftlicher Institutionen, sondern häufiger Aufenthaltsort des Hofes. Spätestens im 15. Jahrhundert war die Burg Ziesar zum bevorzugten Aufenthaltsort des Bischofs geworden. So können beispielsweise anhand des Itinerars von Bischof Dietrich von Stechow (1459–72) insgesamt 59 Reisestationen festgestellt werden. Davon fallen auf Ziesar 20, Berlin-Cölln 15, Brandenburg 8, Tangermünde 4, Magdeburg 2, Soldin 2, Jüterbog 2, Kloster Nienburg 1, Königsberg in der Neumark 1, Küstrin 1, Uckermünde 1, Wilsnack 1 und Vierraden 1. Trotz der Überlieferungslücken wird in der Tendenz deutlich, daß Ziesar mit Abstand am häufigsten vom bischöflichen Hof frequentiert wurde.

Es war das unbedingte Repräsentationsbedürfnis und die häufige Anwesenheit der Bischöfe von Brandenburg, die Ziesar zu einem Juwel der märkischen Baukunst werden ließen. Kulturelle Repräsentation und Selbstdarstellung bildeten das herausragende Element, wenn nicht gar das Ziel von

Grabplatte des Brandenburger Bischofs Dietrich von Stechow, Zustand 2005. Dietrich von Stechow ließ die Kapelle auf der Burg Ziesar zwischen 1460 und 1470 errichten. Seine Grabplatte wurde in der Mitte des Kirchenraumes aufgestellt. Dietrich war der einzige Bischof von Brandenburg, der sich nachweislich in Ziesar bestatten ließ.

---

7   Geheimes Staatsarchiv Berlin Preußischer Kulturbesitz, I. HA, Rep. 21, Nr. 179 (unpaginiert).
8   HIRSCH 2003, S. 21.

Herrschaft. Die Burg Ziesar als Residenz war, sobald sich der bischöfliche Hof dort aufhielt, nicht nur Zentrum der Herrschaft, sondern gleichzeitig das Podium herrschaftlicher Repräsentation. Deshalb fand die Burg im ausgehenden Mittelalter eine künstlerisch-qualitative Ausgestaltung, zu der besonders die Bischöfe Dietrich von Stechow (1459–72), Joachim von Bredow (1485–1507) und Matthias von Jagow (1526–44) beitrugen. Die kurz aufeinanderfolgenden Bauphasen zeigen, daß die Bischöfe über ein ausgeprägtes Selbstbewußtsein verfügten. Sie verschafften nicht nur dem Bischofsamt eine angemessene, öffentliche Ausdrucksform, sondern in gleicher Weise auch sich selbst und ihren Familien.

Folgende Zahlen verdeutlichen die Bedeutung der Burg auch für den gesamtdeutschen Kulturraum: Von insgesamt 191 reichsfürstlichen Residenzen auf dem heutigen Gebiet der Bundesrepublik verfügten zu Beginn des 16. Jahrhunderts 99 Residenzen über einen weltlichen Besitzer und 92 über einen geistlichen. Davon waren 42 Residenzen bischöfliche Aufenthaltsorte außerhalb des Kathedralortes.[9] Bischöfe wie die von Köln, Mainz, Trier oder Meißen verfügten über mehrere Residenzen. Aber das war nicht die Regel. Überwiegend wurde nur jeweils ein Haus zur Residenz ausgebaut. Daher greift die Annahme, bischöflicher Residenzbau gründete allein in der Reisetätigkeit der Kirchenfürsten, zu kurz. Oftmals waren Residenzen Rückzugs- bzw. Nebenorte der Domstädte, in deren Umland die Bischöfe umfangreiche landesherrliche Rechte besaßen. Das sicherte eine weitgehend politische und wirtschaftliche Unabhängigkeit vom Domkapitel, mit dem die Bischöfe in vielen Fällen konkurrierten. Zudem bildeten Residenzen wichtige strategische Punkte in militärischen Auseinandersetzungen mit den Domkapiteln oder benachbarten Rivalen. In den Bistümern Brandenburg und Havelberg beispielsweise kam noch hinzu, daß das Domkapitel in Klausur lebte, also einer monastischen Regel unterworfen war. Das schränkte den politischen Handlungsspielraum und das Repräsentationsbedürfnis der Bischöfe ein, die unmittelbar in Nachbarschaft zu den Domherren über eigene Bischofshäuser verfügten. Darüber hinaus gab es noch weitere regionalspezifische Gründe für die Bildung von Residenzen.

Dennoch erlauben die Zahlen eine Verallgemeinerung: Überwiegend im 13. und 14. Jahrhundert setzte die Tendenz ein, daß Bischöfe sich eigene territoriale Machtbereiche suchten und diese stetig erweiterten. Mittelpunkt dieser Machtbereiche waren ihre Residenzen. Im mitteldeutschen Raum folgte eine zweite Phase der Residenzbildung am Beginn des 16. Jahrhunderts, wozu die Moritzburg in Halle des Magdeburger Erzbischofs und die Residenz in Beeskow des Lebuser Bischofs zählen. Während die Burg Ziesar als Residenz der Bischöfe von Brandenburg zum einen ein wichtiges Zeugnis für die regionale Geschichte des Bistums ist, liegt zum andern ihre überregionale Bedeutung in ihrer Bausubstanz. Sie gehört zu den wenigen Residenzen, deren mittelalterliche Baustrukturen noch heute nachvollziehbar und in Teilen erhalten sind. Bischöfliche Residenzen von Kirchenfürsten, die über die Reformation im 16. Jahrhundert hinaus ihre Funktion behielten, wurden oft dem Zeitgeist entsprechend stark verändert. In reformierten Bistümern hingegen ging im Lauf der Jahrhunderte durch Umnutzungen der ursprüngliche Charakter der Häuser verloren wie z.B. in Wittstock, der Residenz der Bischöfe von Havelberg.

---

9   Die Angaben folgen einer Auszählung nach: Paravicini 2003, Bd. 2.

Bischofsresidenz und Stadt[10]

Die Stadt Ziesar – eine bischöfliche Gründung – profitierte vom Ausbau der Residenz. Sie erlangte zwar nie ein größeres wirtschaftliches und bürgerliches Potential, aber das zu erwarten, wäre ein Allgemeinschluß. Denn es ist ungewiß, inwieweit die naturräumliche Lage Ziesars ein städtisches Wachstum beförderte.[11] Vielmehr sind in der städtischen Entwicklung Stadien zu erkennen, die im Zusammenhang mit dem Residenzausbau der Bischöfe stehen. Wenn Umbauten an der Burg bauarchäologisch festzustellen sind, gilt ähnliches für die Stadt: Indizien für die starke Abhängigkeit der Bürgerschaft von den Bischöfen.

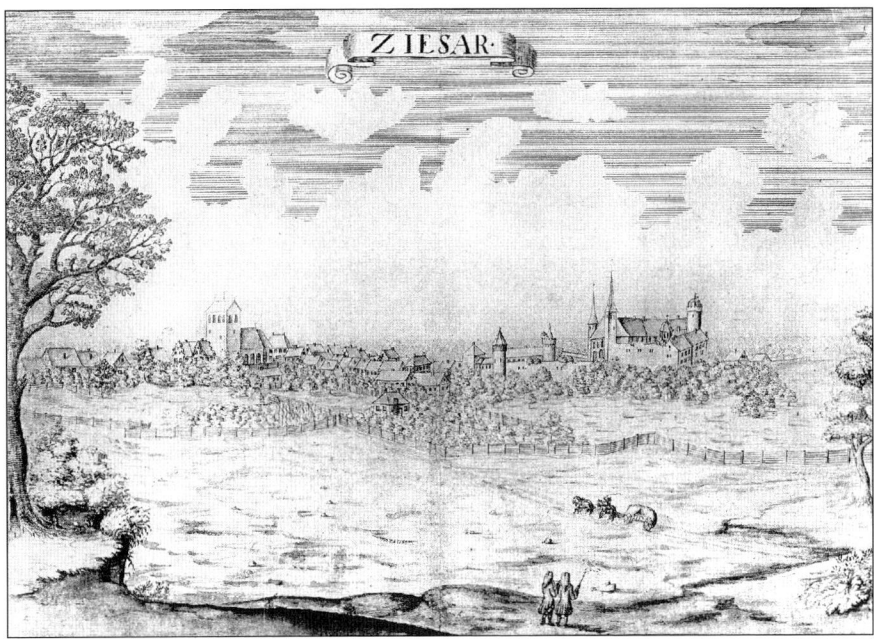

Die Stadtdarstellung von Daniel Petzold, entstanden um 1710, zeigt die markanten Baulichkeiten des Ortes: die vieltürmige Bischofsresidenz mit der Vorburg und die Stadtkirche.

Ziesar ist eine mittelalterliche Siedlung mit gitterartigem Grundriß, bestimmt durch eine breite, zum Teil sich weit öffnende Straße. Diese Struktur weist den Ort als eine Siedlung deutscher Kolonisten aus, die sich spätestens im 12. Jahrhundert hier niedergelassen hatten. Vermutlich weitaus älter ist die Petrivorstadt, im Mittelalter ein eigener Rechtsbezirk, der auf slawische Ursprünge zurückgeht. Beide Siedlungskerne wurden baulich von der Burg dominiert. Aber nicht allein die Burg unterlag dem fürstlichen Anspruch, sondern auch die bedeutenden, sinnfälligen Gebäude in der Petrivorstadt und in der Stadt Ziesar. So waren die Stadtkirche, das Zisterzienserinnenkloster, das Hospital und die Petrikirche steinerne Bauten besonderer Qualität. Dem standen mit wesentlich geringerem Aufwand und einer gewissen

---

10 Zur Baugeschichte der Burg und der Stadt Ziesar: BULACH 1999; DEHIO 2000; HERBIG, PRESCHER und WOLF 1992; SCHICH 2000; PUHLMANN 1948 und WERNICKE 1898.
11 Siehe den Beitrag von Torsten Volkmann in diesem Band.

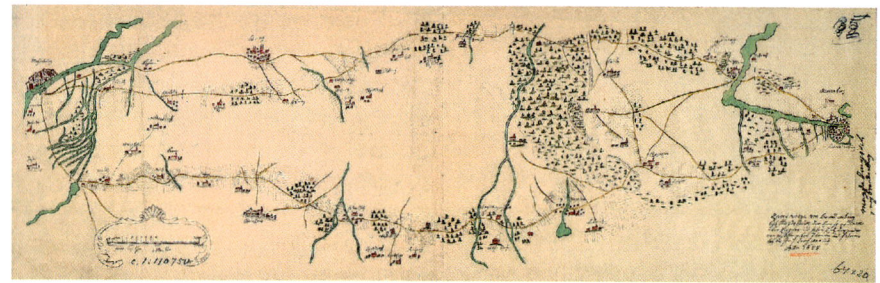

Diese Straßenkarte von 1688 zeigt Stadt und Burg Ziesar an der wichtigen Fernhandelsstraße zwischen Brandenburg und Magdeburg.

Gleichförmigkeit die übrigen Häuser gegenüber. Durch diese planvolle, symbolische Ordnung repräsentierte der Bischof seine Herrschaft vor Ort.

Eine städtische Ordnung, losgelöst vom Willen des bischöflichen Stadtherrn, gab es in Ziesar nicht. Es lag in den Händen des Bischofs, Bestrebungen nach einer bürgerlichen Selbstverwaltung aufzubauen oder einzuschränken. Vermutlich erst im Jahr 1337 erhielt Ziesar seine Stadtrechte nach Magdeburger Vorbild. Eine Residenzstadt, in der zentrale Institutionen der bischöflichen Administration oder deren Personal beheimatet waren, ist Ziesar nicht gewesen. Jedoch gingen aus der Verknüpfung von Residenz und Stadt zahlreiche wirtschaftliche Impulse hervor. Unter anderem oblag der Stadt die Versorgung des bischöflichen Hofes mit Lebensmitteln und Luxusgütern. Der mittelalterliche Fernhandelsweg von Brandenburg nach Magdeburg, der zwischen sumpfigen Niederungen, zahlreichen Teichen und Seen auf trockenem Gelände durch Ziesar führte, wirkte sich auf das wirtschaftliche Wachstum der Stadt positiv aus und trug wohl auch dazu bei, daß die Bischöfe in Ziesar ihre Residenz errichten ließen.

Die historische Entwicklung von Stadt und Residenz läßt sich in fünf gemeinsamen, historischen Phasen beschreiben, die bis zum Ausgang des Mittelalters weniger auf schriftlichen Quellen basieren, sondern hauptsächlich auf Befunden der Bauforschung und Archäologie. Denn Burg wie Stadt setzten im 16. bzw. 17. Jahrhundert größere Brände zu, in deren Folge große Teile des bischöflichen und städtischen Schriftgutes verlorengingen.

9./10. Jahrhundert

Genaue Datierungen für die Frühzeit der Burg und der Siedlungsgeschichte Ziesars sind nicht möglich. Archäologische Untersuchungen bestätigten, daß die Bischofsburg auf einem slawischen Rundwall errichtet wurde, der im 10. oder bereits im 9. Jahrhundert vorhanden war.[12] In die gleiche Zeit könnte die Entstehung der slawischen Siedlung, der späteren Petrivorstadt, eingeordnet werden. Obwohl nach der Gründungsurkunde des Bistums Brandenburg Ziesar in den Besitz des Bischofs überging, sind keine Aufenthalte oder bauliche Tätigkeiten am Ort für diesen Zeitraum bekannt.

2. Hälfte des 12. / 1. Hälfte des 13. Jahrhunderts

Die Grundsteinlegung des Brandenburger Doms 1165 weist darauf hin, daß die Bischöfe nach ca. 170jähriger Abwesenheit von ihrem Bistumsterritorium seit der 2. Hälfte des 12.

---

12 Hermann und Donat 1979, Nr. 79/92 und 79/93.

Thomas Langer und Mario Müller

Jahrhunderts begonnen hatten, wieder eine Kirchenorganisation aufzubauen. Jedoch beruhten die Erfolge der Christianisierung der ostelbischen Slawen im 12. Jahrhundert ebenso auf Verdiensten der Brandenburger Markgrafen. Langwierige Auseinandersetzungen um unterschiedliche Gerechtigkeiten zwischen Markgraf und Bischof folgten, zu denen Verluste von Kircheneinnahmen im »Zehntstreit« und offene Besitzverhältnisse in der Burg und entstehenden Stadt Brandenburg zählten. Schon in dieser Zeit wurde die Burg Ziesar zu einem wehrhaften und möglicherweise auch repräsentativen »Rückzugsort« der Bischöfe von der Kathedralstadt des Bistums ausgestaltet. Die Vorgängerbauten der spätmittelalterlichen Kapelle, des Palas, des Ostflügels und des Bergfrieds gehen auf diese Phase zurück. Daher muß es nicht verwundern, daß 1215 auf der Burg ein Fürstentag mit überregionaler Beteiligung stattfand und zum Ausgangspunkt für die Weiterfahrt zum IV. Laterankonzil in Rom wurde.[13]

In die gleiche Zeit datieren erste Zeugnisse der deutschen Siedler: Die recht umfängliche Pfarrkirche in Ziesar wurde errichtet und ein Franziskanerkonvent siedelte sich an. Diese Initiativen waren zumindest mittelbar vom Bischof ins Leben gerufen. Das belegt auch die jüngste Entdeckung eines Evangeliars, daß für den Franziskanerkonvent gestiftet und vermutlich in der Stadt Brandenburg angefertigt wurde.[14] Ziesar nahm damit in der Bischofspolitik eine herausragende Stellung ein, denn im Gegensatz zum Markgrafen trat der Bischof von Brandenburg als Stadt- und Klostergründer kaum in Erscheinung. Trotz dieser Bemühungen um ein geistliches, kulturelles und wirtschaftliches Erblühen Ziesars wanderte der Franziskanerkonvent nach nur wenigen Jahrzehnten nach Brandenburg ab.

14. Jahrhundert

In der historischen Forschung wird davon ausgegangen, daß die Burg schon in der ersten Hälfte des 14. Jahrhunderts immer häufiger vom Bischof von Brandenburg aufgesucht wurde und der Ort allmählich die Funktionen einer mittelalterlichen Residenz einnahm. Jedoch sollte dieses Urteil vorsichtig abgewogen werden, da nur wenige Aufenthalte der Bischöfe in der schriftlichen Überlieferung nachgewiesen werden können und das Ausmaß des bischöflichen Handelns kaum nachzuvollziehen ist.[15] Hingegen belegen die überwiegend bauhistorischen

Im ältesten erhaltenen Stadtsiegel Ziesars von 1525 sind die gekreuzten Petrischlüssel abgebildet, entlehnt aus dem Wappen des Brandenburger Hochstifts – ein deutlicher Hinweis auf die enge Verbindung zwischen Bischof und Stadt. Die Umschrift des Siegels lautet: SIGILLVM * civitatis * SIGEZER.

---

13   BERGSTEDT 2003.
14   VÄTH 2001.
15   Erst seit Dietrich von Kothe (1347–65) lassen sich häufiger Aufenthalte der Brandenburger Bischöfe in Ziesar nachweisen. Im ausgehenden 15. und beginnenden 16. Jahrhundert wird für die Residenz Ziesar die Überlieferung wesentlich dichter als in den Jahrhunderten zuvor. Für diese Zeit ließen sich vermehrt Wechselwirkungen zwischen Bischof und Stadt Ziesar nachweisen sowie Aussagen zum bischöflichen Hof treffen. Allerdings steht eine detaillierte Auswertung des Materials noch aus. Vgl. NEITMANN 2005.

Ergebnisse größere Aktivitäten in Ziesar. Palas und Ostflügel wurden umgebaut und der Höhepunkt des heutigen Museums in der Burg, eine Wandmalerei mit der Darstellung des Heiligen Landes im Ostflügel, entstand. In diesen Zusammenhang gehört die Verleihung der Stadtrechte durch den Bischof an Ziesar, die Einfriedung der Stadt mit vier Toren und die Erneuerung der Apsis der Pfarrkirche. Im verlassenen Franziskanerkloster zogen Zisterzienserinnen ein, die vom Bischof in die Stadt geholt wurden. Außerdem wird für das Jahr 1341 eine Terminei der Augustinereremiten erwähnt. Damit waren die rechtlichen Strukturen und geistlichen Institutionen in Ziesar, die bis zur Reformation im 16. Jahrhundert bestehen sollten, gesetzt. Das gefestigte herrschaftliche Gefüge in der Stadt und im umgebenden Tafelgut des Bischofs stellte die Grundlage für die weitere Entwicklung von Residenz und Stadt dar.

1460/70

Aus dieser Bauphase ist – neben der Ausgestaltung der bischöflichen Gemächer im Palas – die neu errichtete Burgkapelle eindrucksvoller Beleg für die Bedeutung Ziesars als Residenz. Vermutlich liegen die Gründe dafür in den erweiterten Anforderungen des bischöflichen Hofes. Die repräsentative Größe und Ausmalung der Kapelle veränderte auch den Charakter des Gotteshauses von einer Burg- zu einer Hofkapelle. Bischof Dietrich von Stechow (1459–72) ließ sie erbauen und sich dort beisetzen. Sein Grabmal stand in der Mitte der Kirche und führte die Stifterfunktion des Bischofs deutlich vor Augen. Der Votivstein in der Kapelle ist vermutlich keine Arbeit märkischer Steinmetze, sondern böhmischer. Möglicherweise bestanden zu diesem Zeitpunkt Verbindungen in die östlichen Reichsteile. Andererseits wäre es möglich, daß der Stein schon älteren Datums ist und aus einer früheren Bauphase stammt. So bestanden personelle Kontakte zwischen dem Bistum Brandenburg und Böhmen zu Anfang des 15. Jahrhunderts. Bischof Johannes von Waldow (1415–20) hielt sich mehrere Jahre am böhmischen Königshof auf.

Aus der Zeit um 1460/70 ist das erste Wappen auf der Burg erhalten. Es zeigt nicht mehr nur die gekreuzten Petrischlüssel – Wappen des Hochstiftes –, sondern auch das Familienwappen des Bischofs Dietrich von Stechow. Diese Art der Repräsentation weist auf neue Zugänge der Selbstdarstellung der Kirchenfürsten hin, sie trägt individuelle Züge.

Um 1500

Mit den Wappentafeln der Bischöfe Joachim von Bredow (1485–1507) am »Storchenturm« der Vorburg und Matthias von Jagow (1526–44) am Bergfried setzt sich kontinuierlich die individuelle Herrschaftsrepräsentation fort. Noch augenscheinlicher wird dieses Phänomen an der Empore in der Kapelle, die um 1500 eingezogen wurde. Sie diente vermutlich als privater Andachtsraum der Bischöfe, die einen eigenen Zugang von ihren Gemächern dorthin hatten. In diesem Umbau drückt sich eine veränderte Frömmigkeitspraxis im Bistum Brandenburg aus, die über dessen Grenzen hinaus Bestand hatte. Schon von Bischof Stephan Bodecker (1421–59) sind Andachtsbücher bekannt, die zum privaten Gebet angefertigt wurden. Jedoch reichen die bisherigen Erkenntnisse über die Emporen und ihre Funktion nicht aus, um weitergehende Aussagen zu treffen.

Ebenso wenig läßt sich sicheres über den Ausbau der Vorburg sagen. Der »Storchenturm« ist heute das einzige Zeugnis dieser Anlage. Er datiert ins Jahr 1497. Archäologische Grabungen auf diesem Gelände stehen noch aus. Dennoch ist zu vermuten, daß mit Anwachsen des bischöflichen Hofes auch die Versorgung gesteigert werden mußte. Demzufolge könnte die Vorburg – als Wirtschafts- und Lagereinheit der Burg – erweitert worden sein. Das hätte wiederum Folgen auf das angrenzende Stadtgebiet gehabt. Trockenlegungen und Verpach-

Thomas Langer und Mario Müller

tungen von den die Burg umgebenden Wiesen sind bekannt[16], ein Hinweis darauf, daß neue Wirtschaftsbereiche erschlossen werden sollten. Als einzige bischöfliche Bautätigkeit außerhalb der Residenz in Ziesar ist der Neubau eines Hospitals in der Petrivorstadt bekannt. Aber die Forschungslücken sind zu groß, um das Verhältnis von Stadt und Bischof in dieser Zeit genauer zu beschreiben.

Geschichte mit Zukunft

Mit der Restaurierung der Burg Ziesar ist ein Denkmal gesichert worden, das über die Kulturlandschaft Brandenburg hinaus Bedeutung für die mittelalterliche Kirchen- und Residenzgeschichte besitzt. Jedoch kann ein Denkmal nur dann identitätsstiftend und befördernd auf die kulturellen Werte einer Gesellschaft wirken, wenn dessen Geschichte zum Gegenstand der Forschung und öffentlichen Vermittlung wird. Diesem Anspruch wird in der Museumskonzeption Rechnung getragen, die Burg selbst und die brandenburgische Kirchengeschichte des Mittelalters zum Thema zu machen. Doch bisher überwiegen die Fragen an den Ort und seine Geschichte. Deshalb ist zusammen mit dem Historischen Institut der Universität Potsdam geplant, in Ziesar eine Forschungsplattform zu etablieren, die sich mit der mittelalterlichen Kloster-, Ordens- und Kirchengeschichte Brandenburgs interdisziplinär auseinandersetzt.[17] Denn die brandenburgische Kulturlandschaft mit ihren zahlreichen Denkmalen wird noch immer sehr stark in neuzeitlicher Perspektive wahrgenommen, wozu an erster Stelle die Schlösser und Gärten der Hohenzollerndynastie zählen. Geistliche Residenzen und mittelalterliche Geschichte spielen dabei bisher eine untergeordnete Rolle. Das wiegt schwer, da die ländlichen und städtischen Strukturen des Landes Brandenburg im Mittelalter geprägt wurden. Um Brandenburg künftig weiter zu einem kulturellen und wissenschaftlichen Standortfaktor zu entwickeln, wird die Erforschung und Präsentation der Kulturlandschaft ein dringendes Anliegen bleiben. Die Bischofsresidenz Ziesar ist mit ihren kulturellen und wissenschaftlichen Perspektiven ein geeigneter Ort dafür.

---

16 BULACH 1999.
17 HEIMANN 2003. – HEIMANN, NEITMANN, SCHICH 2005.

Denkmalpflege zwischen Bewahrung alter und Hinzufügung neuer Qualitäten

Thomas Drachenberg

Die ehemalige Bischofsresidenz in Ziesar ist in Norddeutschland die einzige Burg mit erhaltenen Wandfassungen von Sakral- und Profanräumen des ausgehenden 15. Jahrhunderts. Ihre Ausstattung aus dieser Zeit (u.a. die Heizung) blieb zum Teil bis heute bewahrt. Die spätgotische Kapelle der Burg markiert mit ihrer prachtvollen Hoffassade einerseits und dem wehrhaften Charakter zur Stadt andererseits den Übergang in der typologischen Entwicklung von der Burg- zur Schloßkapelle. Aus diesen Gründen ist die Burg Ziesar in die Denkmalliste des Landes Brandenburg als Denkmal eingetragen.

Bei genauerem Hinsehen besteht das Denkmal Burg Ziesar aus einer Summe unterschiedlicher Bauphasen, die sich noch heute als Schichten am Bau zeigen. Im wesentlichen prägten bisher fünf Nutzungsphasen die Burg:

- Die romanische Entstehungszeit
- Der spätgotische Ausbau zur Bischofsresidenz
- Der barocke Umbau zum Domänenamt
- Der Umbau zu einer Fabrik im späten 19. Jahrhundert
- Der Umbau zum Internat und Nutzung als Maschinen-Traktoren-Station (MTS) zu Beginn der zweiten Hälfte des 20. Jahrhunderts.

Das denkmalpflegerische Konzept

Der denkmalpflegerische Auftrag war klar und einfach: Die Burg Ziesar ist in ihrem Bestand als Denkmal zu erhalten, zu nutzen und zu pflegen. Doch tatsächlich schieben sich die Befund- und historischen Nutzungsebenen so ineinander, daß das breite Instrumentarium denkmalpflegerischer Arbeit auf seine Plausibilität und Benutzbarkeit geprüft werden muß. Eine unreflektierte Anwendung des Satzes: »Es bleibt alles erhalten, was vorhanden ist«, hätte bei der Burg in Ziesar nicht weitergeführt. Vor Planungsbeginn waren alle Befundschichten und Nutzungsebenen vor allem qualitativ (materiell und immateriell) zu beurteilen. Hierzu bedurfte es einer ausführlichen Bestandsaufnahme.[1] Historische und kunsthistorische Aspekte waren mit Erkenntnissen aus restauratorischen Untersuchungen und Methoden der Bauforschung zu vergleichen. Pläne wurden erstellt, die sowohl die Lage und die Einordnung der historischen Befundebenen klärten als auch dem Architekten eine Grundlage an die Hand gaben, seine Planungen auf einer soliden Befund- und Bestandsbasis zu erstellen.

Die ineinander verschränkten, denkmalpflegerisch wichtigen Bauphasen der Romanik, Spätgotik und des Barock sowie die Umbauphasen des späten 19. Jahrhunderts und der 1950er Jahre können nicht zugunsten oder ungunsten einer anderen Phase vervollständigt werden. Nach intensiver Diskussion erwies sich daher folgende These als tragfähige Arbeitsgrundlage:

---

1 Siehe die Beiträge von Detlev von Olk, Stefan Breitling und Stefanie Wagner sowie von Wilfried Sitte in diesem Band.

- Wir konservieren und restaurieren die Burg in ihrem überkommenen Bestand und zeigen die Baugeschichte in situ, ohne das noch vorhandene, zusammenhängende Erscheinungsbild als Ergebnis der gesamten Baugeschichte zu zerstückeln.
- Wir präsentieren die Befunde museal, wenn es konservatorisch keine Bedenken gibt und es ins Ausstellungskonzept paßt.[2]

Es war uns bewußt, daß trotz dieser sicher nicht überraschenden Leitsätze im einzelnen Qualitäten zu gewichten waren. So sollte ein vom Zementputz der 1950er Jahre umschlossenes mittelalterliches Gewände nur dann vom Putz befreit werden, wenn das auch zerstörungsfrei für den Befund möglich ist. Diese denkmalpflegerischen Leitsätze sollen im folgenden an ausgewählten Beispielen erläutert werden.

Die hofseitige Fassade des ehemaligen bischöflichen Wohngebäudes ist beim Umbau im 18. Jahrhundert stark verändert worden, wobei durch die Reduzierung der ehemals hohen, spätgotischen Geschosse aus einem zwei- ein dreigeschossiges Gebäude entstand.

Beide Zustände sind in ihrer Aussage und Qualität denkmalprägend. Auf Grund dieser Erkenntnis fiel die Entscheidung, beide sich in der Hoffassade abbildenden Zeitebenen gleichberechtigt zu konservieren und durch sparsame gestalterische Veränderungen zusammenzuschließen.[3] Hätte man der denkbaren Möglichkeit nachgegeben, die prachtvolle spätgotische Fassade des Wohngebäudes zu rekonstruieren, um den ursprünglichen Zusammenhang zur vorhandenen filigranen Schmuckfassade der Burgkapelle zu demonstrieren, wären große Substanzverluste die Folge gewesen. Zudem würde das Öffnungssystem der Fassade nicht auf die heutigen, barocken Geschoßebenen reagieren können. Das Ergebnis der Fassadenrestaurierung zeigt daher die Regelmäßigkeit der barocken Fensteröffnungen, deren neue Fenster auch wieder die typische Fensterteilung der Zeit aufnehmen. Unterbrochen wird diese Regelmäßigkeit von spätgotischen Fassadenelementen des ehemaligen Palas, die als wichtige Befunde zur Erklärung der Baugeschichte präsentiert werden.

Das Dach des Palas und seine Behandlung ist in diesem Zusammenhang gleichfalls erwähnenswert. 1976 hatte man bei der Sanierung des Dachstuhles den gegenüber der Burgkapelle befindlichen Krüppelwalm entfernt und die Linie des Firstes im Sinne der Spätgotik mit der Firstlinie der Burgkapelle geschlossen. Das hatte vor allem technische Gründe: Der Krüppelwalm war infolge unterlassener Reparaturmaßnahmen stark geschädigt, und man wollte die schwierigen Wasserableitungen technisch vereinfachen. Der Dachstuhl wurde daher verändert. Darüber hinaus geschah diese Veränderung im Sinne der Wiederherstellung eines mittelalterlichen Bildes. Mit der Schließung der Dachfirstlinie wurde 1976 zumindest optisch wieder der Zusammenschluß der Dachlinie mit dem First des Torbaus und der Burgkapelle erreicht. Obwohl die Höhe des Palas nicht mehr dem mittelalterlichen Maß entsprach, entstand optisch wieder eine Einheit, die bis zur jetzigen Sanierung das Bild prägte. Bei den 2003 durchgeführten Baumaßnahmen stand man vor der Frage, wie mit der Dachsituation aus dem Jahre 1976 umzugehen sei, die wegen mangelhaften Materials bereits wieder zerstört war. Entscheidend für die Rückführung zur barocken Dachsituation mit einem Krüppelwalm an dieser Stelle war die von der barocken Umbauphase bis heute geprägte Hoffassade und die noch funktionierende Geschossigkeit der Barockzeit. Zudem mußte die Reparaturstelle des Jahres 1976 aus technischen Gründen in jedem Fall erneuert werden, wohingegen der barocke Dachstuhl repariert werden konnte.

---

2 Siehe den Beitrag von Clemens Bergstedt und Heinz-Dieter Heimann in diesem Band.
3 Ein ähnliches Konzept wurde an der Hoffassade der Burg Eisenhardt entwickelt: DRACHENBERG, LANGER und OLK 2001; LANGER 1997 und BRUMME 1997.

Rekonstruktion der Hoffassade mit Kapelle, Torhaus und Palas um 1470

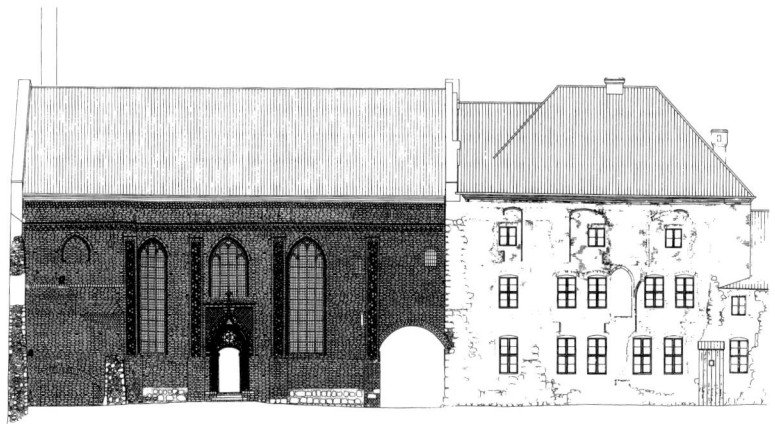

Rekonstruktion der Hoffassade mit Kapelle, Torhaus und Palas um 1750

Fassadenabwicklung der Hoffassade 1976–2003. Die Firstlinien der Kapelle und des ehemaligen Palas treffen in der Tiefe nicht aufeinander.

Thomas Drachenberg

Hoffassade des Palas, Zustand 1954

Hoffassade der Burgkapelle und des Palas, Zustand 2000

Zustand der »Bischofs-
mütze« auf dem Bergfried
im Jahre 1896. Der Schornstein der Stärkefabrik ist
noch deutlich zu erkennen.

Zustand des Bergfrieds im
Jahr 2005. Er wurde in
den Jahren 1908, 1960
und 1999/2000 saniert.

Thomas Drachenberg

Bei der Reparatur des Bergfrieds ergab sich das Problem, daß die Kuppel mit ihrem Mauerwerk aus der Renaissance, die sogenannte »Bischofsmütze«, im Jahre 1960 mit einer inzwischen wieder schadhaften und rissig gewordenen Zementputzschicht überzogen wurde, die sich unlösbar mit dem darunterliegenden bauzeitlichen Mauerwerk verbunden hatte. Eine Entfernung dieses technisch nicht mehr funktionierenden Putzes hätte die Zerstörung der Kalotte zur Folge gehabt. So entschloß man sich nach ausgiebiger Abwägung aller Möglichkeiten, einen neuen wasserabweisenden Putz über den Zementputz zu ziehen und damit den Bestand für die nächste Zeit zu schützen. In diesem Fall war es gerechtfertigt, die alternativ notwendige Kopie der nächsten Generation zu überlassen.

Im Inneren der Gebäude war die Raumstruktur in den verschiedenen Umbauphasen der Burg immer starken Veränderungen unterworfen. Der Umbau zum Domänenamt hatte die Geschossigkeit verändert, der Einbau des Internats in den 1950er Jahren überformte die historischen Strukturen nochmals. Da die Einbauten der 1950er Jahre ohne Qualität und

Zustand eines Internats-
zimmers auf der Burg im
Herbst 1992

damit auch ohne einen Denkmalwert waren, konnte bereits vor der Planungsphase diese Schicht entfernt werden. Das war die Voraussetzung, um die Baugeschichte vor allem der spätgotischen und barocken Umbauphasen zu klären und ins Museumskonzept einzubeziehen. Mittels der Methoden der Bauforschung und Restaurierung wurde in Ziesar eine solide Grundlage für die Ermittlung und Bewertung des Bestandes geschaffen. Das führte zu einem nachvollziehbaren und verantwortbaren Umgang mit dem Baudenkmal Bischofsresidenz Burg Ziesar.

Mit dem Umbau der Burg zum Museum ist eine neue Schicht am Denkmal entstanden, die die Qualitäten der verschiedenen vorhandenen Umbauphasen am Denkmal respektiert.[4] Spätere Generationen werden entscheiden, ob diese neue Schicht eine weitere Qualität am Denkmal darstellt, die es dann wieder zu bewahren gilt. Aus heutiger denkmalpflegerischer Sicht ist die produktive Auseinandersetzung mit dem Ziel, alte Qualitäten zu bewahren und neue hinzuzufügen, im Ergebnis ein gelungener Prozeß gewesen.

---

4   Siehe den Beitrag von Gerald Kühn-von Kaehne in diesem Band.

Denkmalpflege in der Diskussion

Die langfristige Erhaltung der Burg hängt nicht zuletzt von der Wertschätzung der Öffentlichkeit ab. Kommunikation ist dabei ein wesentlicher Bestandteil der denkmalpflegerischen Arbeit. Der Bauherr sieht sich mit seinem Architekten einem großen Kreis von Spezialisten gegenüber: Restaurator, Bauforscher, Archäologe, Historiker, Museumsfachmann, Statiker, Heizungsingenieur u.a.m. Sie müssen sich für finanzierbare Lösungen entscheiden und zwischen den einzelnen, manchmal entgegengesetzten Wünschen und Vorstellungen abwägen. Als für den Bauprozeß sehr förderlich hat sich erwiesen, daß in Ziesar der Sanierungsträger ews in der Rolle des Bauherrnvertreters eine integrierende Funktion übernahm.[5] In Ziesar ist über die Jahre ein konflikt- und teamfähiges Gremium gewachsen, das durch die Diskussion der jeweiligen Belange denkmalverträgliche Lösungen erarbeitete. Auf diese Weise hat sich letztendlich der denkmalpflegerische Gedanke des Substanzerhaltes bei veränderter Nutzung in einem – gerade auch für die Öffentlichkeit nachvollziehbaren – Abwägungsprozeß durchgesetzt. Die Burg Ziesar ist dafür ein gelungenes Beispiel.[6]

---

5   Siehe den Beitrag von Walter Bitzer in diesem Band.
6   Ich möchte mich an dieser Stelle bei Günter Köpping und Jutta Storch bedanken, die jeweils den Prozeß aus der Sicht der Denkmalfachbehörde mit anschoben bzw. nach meiner bis 2003 währenden Zuständigkeit weiterführten.

Sanierungsvorbereitende bauhistorische Untersuchungen

Stefan Breitling und Stefanie Wagner

Seit Beginn der 1990er Jahre standen die profanen Gebäude der ehemaligen bischöflichen Residenz Burg Ziesar leer. Seitdem suchten die verantwortlichen Denkmalpfleger zusammen mit der Stadt Ziesar und dem Sanierungsträger nach einer neuen, denkmalverträglichen Nutzung. Die an den Hoffassaden sichtbaren Spuren früherer Bauzustände zeigten eine bis in das Mittelalter zurückgehende Baugeschichte. Daß sich wertvolle historische Raumstrukturen hinter den Internatsumbauten der 1950er Jahre verbargen, erschloß sich mit den ersten denkmalpflegerischen Arbeiten. 1993/94 wurde im Obergeschoß des Palas der Standerker mit spätmittelalterlichen Farbfassungen gesichert und restauriert.[1] Die starke Korrespondenz mit der prächtigen Ausmalung der Burgkapelle zeigte deutlich, daß auch in den Wohnbereichen der Burg mit einer gestalterischen Qualität zu rechnen war, die hinter der des Sakralraums nicht zurücksteht. Es galt, durch gezielte Untersuchungen den Wert der historischen Bausubstanz im Palas und im Ostflügel zu ermitteln und darzustellen, bevor Planungsparameter für eine Sanierung und Neunutzung festgelegt wurden.

Maßnahmen

In dieser Situation wurde im Jahre 1998 das Referat Bauforschung im Landesdenkmalamt gebeten, nach Möglichkeiten zu suchen, dieses fachliche Anliegen zu unterstützen. Innerhalb der Ausbildung von Volontären im Denkmalamt ist ein Praktikum in Form einer Bauaufnahme vorgesehen. 1999 wurde entschieden, dieses auf der Burg Ziesar durchzuführen[2], um erste gründliche Dokumentationen zu erarbeiten. Aufgabe war es, Grundriß und Schnitt des zweiten Obergeschosses von Palas und Torhaus im Maßstab 1:50 in Genauigkeitsstufe III[3] anzufertigen. Ergänzt werden sollten die Zeichnungen durch eine Fotodokumentation, ein Raumbuch und die Auswertung der archivalischen Quellen. Die gewonnenen Erkenntnisse sollten in einem Ergebnisbericht und einem Bauphasenplan zusammengefaßt werden.

Zu Beginn der Arbeiten konnte auf ein einfaches schematisches Aufmaß des Gebäudes zurückgegriffen werden, das jedoch wesentliche Informationen nicht enthielt. Um bauhistorische und sanierungstechnische Fragestellungen zu beantworten, war eine genaue Vermessung notwendig. In Vorbereitung des Praktikums wurde dazu ein dreidimensionales Koordinatensystem über sogenannte Festpunkte geodätisch eingemessen und vor Ort gekennzeichnet. Dieses Verfahren garantiert, daß sich alle nachfolgenden Messungen im gleichen räumlichen System befinden und somit untereinander in Beziehung stehen. So können heute nicht mehr sichtbare räumliche Zusammenhänge früherer Bauphasen, zu archäologisch

---

1   Vgl. Sitte 1994, Sitte 1996 und den Beitrag von Wilfried Sitte in diesem Band.
2   An diesem Praktikum nahmen unter Leitung von Stefanie Wagner teil: Monika Loddenkemper, Felix Merk, Detlev von Olk, Andreas von Scheven.
3   Siehe die Veröffentlichung zur Bauaufnahme des Brandenburgischen Landesamtes für Denkmalpflege und Archäologisches Landesmuseum Wünsdorf (künftig: BLDAM): Anforderungen an eine Bestandsdokumentation in der Baudenkmalpflege, Petersberg 2002.

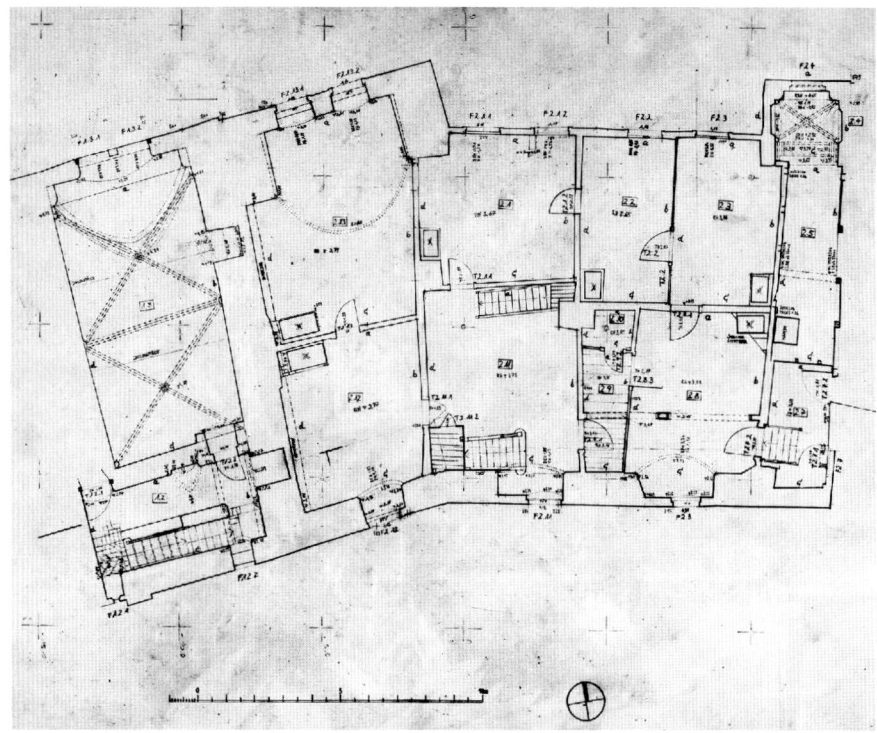

Palas und Torhaus, Grundriß des zweiten Obergeschosses

ergrabenen Baustrukturen, zwischen den Fassaden sowie dem Inneren der Gebäude hergestellt, erfaßt und zugeordnet werden. Dieses Netz von Festpunkten bildet die Grundlage des wirklichkeitsgetreuen Aufmaßes, das nicht nur für die bauhistorische Untersuchung und Bewertung, sondern auch für die Planung und statische Beurteilung eines Gebäudes unabdingbar ist. Neben der Vermessung wurden Baufugen, verwendete Materialien, die Art der Ausfachung der Fachwerkzwischenwände und ihr konstruktives Verhältnis zueinander, eventuelle Störungen, Spuren von Abbrüchen und Reparaturen erfaßt. Bereits vorhandene, entzerrte Meßbilder[4] von einigen Fassaden wurden zur Kartierung verwendet und waren Grundlage von Fassadenzeichnungen.

Die intensive Auseinandersetzung vor Ort mit der Bausubstanz ermöglichte eine eingehende Interpretation der Befunde. Im Ergebnis dieses Praktikums konnten neue Erkenntnisse zur Baugeschichte gewonnen und ein Teil des vorgefundenen Gebäudes systematisch dokumentiert werden. Es konnte nachgewiesen werden, daß um 1500 der Palas zweigeschossig war und im 18. Jahrhundert in drei Geschosse unterteilt wurde. Weitere Reste der Maßwerkmalerei aus dem 15. Jahrhundert, die bisher in der Profanarchitektur dieser Zeit im Land Brandenburg ohne Beispiel ist, kamen zum Vorschein und wurden gesichert.[5]

---

4   Meßbilder von 1988, Meßbildstelle GmbH Berlin.
5   Die Sicherung der Befunde erfolgte durch die Kollegen des Referats Restaurierung des BLDAM, die
    während des Praktikums die Volontäre in ihr Fachgebiet einführten. Zu den Farbfassungen ausführlicher
    im Beitrag von Wilfried Sitte in diesem Band.

Stefan Breitling und Stefanie Wagner

Treppenraum im zweiten Obergeschoß des Palas, Zustand 1999

Ehemaliger Treppenraum im zweiten Obergeschoß des Palas, Zustand nach der Freilegung der Maßwerkmalerei im Jahr 2005

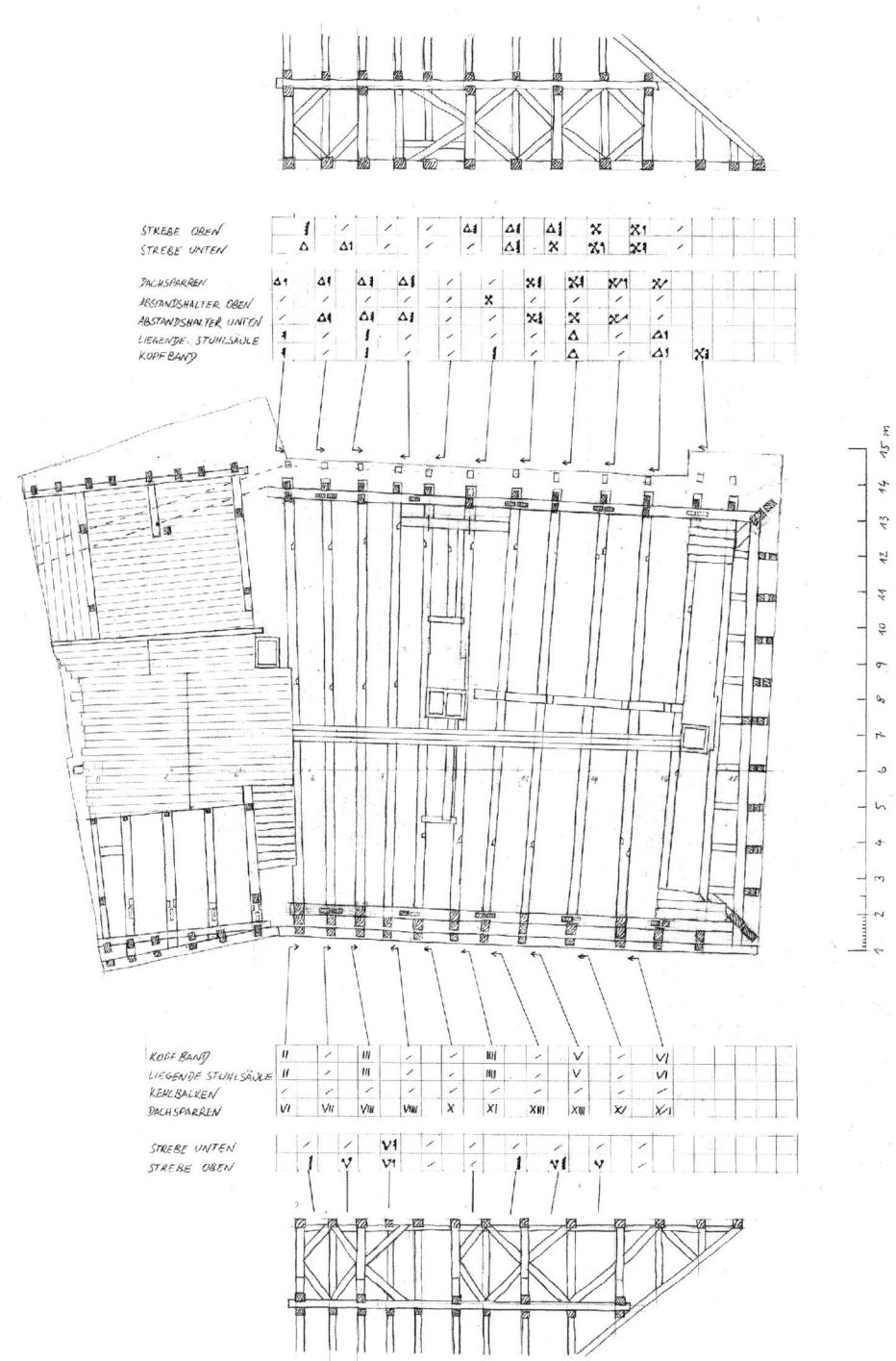

Palas, Grundriß des Dachgeschosses mit Kartierung der Abbundzeichen

Palas, Ansicht der Ostseite des Westgiebels im Jahr 2000

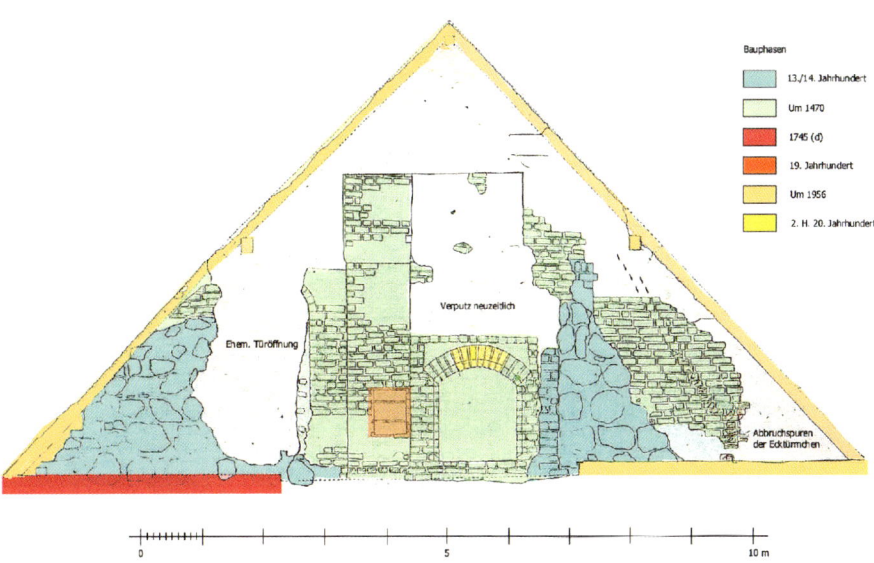

Palas, Ansicht der Ostseite des Westgiebels mit Bauphasen. Rechts ist im Mauerwerk der Anschlag des mittelalterlichen Daches zu sehen.

In den Jahren 2000 und 2001 vermittelte das Landesdenkmalamt mit Hilfe der Stadt Ziesar erneut ein Praktikum auf der Burg. Diesmal führten Architektur-Studenten der TU Berlin[6] eine Bauaufnahme-Übung als Teil ihrer Ausbildung durch. Sie führten die Arbeiten der Volontäre in Methode und Qualität fort. Es wurden die noch fehlenden Grundrisse des Erdgeschosses, des ersten Obergeschosses und der Dachgeschosse sowie verschiedene Querschnitte des Palas und des Ostflügels im Maßstab 1:25 aufgenommen. Weitere Dokumentationen in Form von Raumbüchern und Überlegungen zur Bau- und Sanierungsgeschichte einzelner Bereiche vervollständigten die Bestandsaufnahme und die bauhistorische Voruntersuchung.

Die Arbeitsergebnisse wurden in der Stadt vorgestellt. Die Darstellung des Befundreichtums in den Burggebäuden verstärkte das Interesse an bauhistorischen und denkmalpflegerischen Fragestellungen.

Ergebnisse

Für die denkmalgerechte Sanierung und Umnutzung von historischen Gebäuden ist eine sorgfältige Grundlagenermittlung unverzichtbar. Durch die Arbeiten der Studenten und Volontäre konnte ein Wissensvorlauf für einen Teilbereich der Burggebäude erzielt werden, der der Planung und Konzeptfindung zugute kam. Bereits in den vorbereitenden bauhistorischen Untersuchungen wurde eine Qualität erreicht, die für die weiteren Dokumentationen auch während des Bauverlaufs durch einen freien Bauforscher Maßstab blieb.[7]

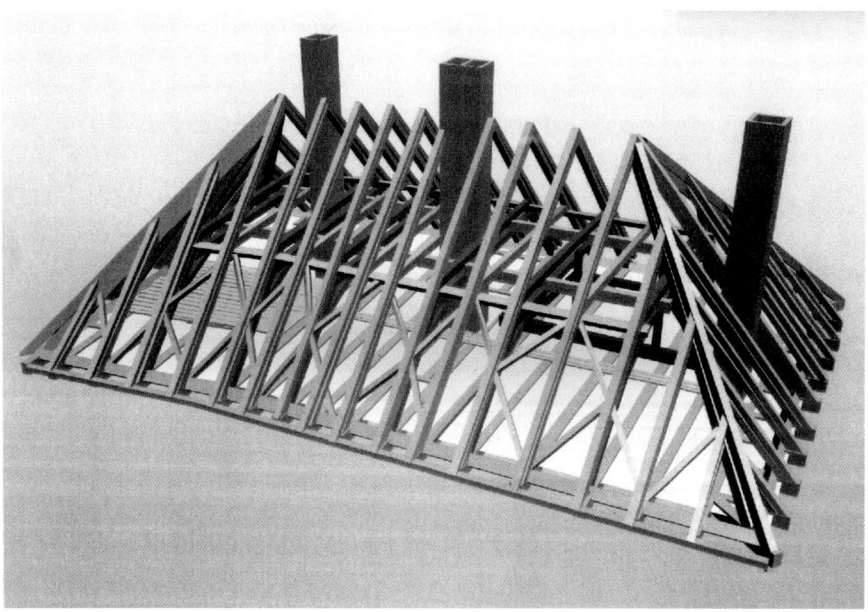

Palas, Rekonstruktion des Walmdaches von ca. 1745

---

6   TU Berlin, Fachbereich 8, Institut für Baugeschichte, Architekturtheorie und Denkmalpflege, Fachgebiet Baugeschichte und Stadtbaugeschichte, Leitung: Stefan Breitling.
7   Siehe den Beitrag von Detlev von Olk in diesem Band.

Stefan Breitling und Stefanie Wagner

In enger Zusammenarbeit mit dem Planungsbüro[8] wurden Bauteile gekennzeichnet, die einen besonderen bauhistorischen Wert besaßen. Dies erleichterte die Entscheidungen für einen verantwortungsbewußten und denkmalverträglichen Umgang mit der Bausubstanz. Im Zuge der Bauarbeiten wurde auf sichtbar werdende Befunde reagiert. So konnte beispielsweise der geplante Aufzug im Palas nicht an der ursprünglich vorgesehenen Stelle im Amtshaus eingebaut werden, da sich dort ein vorher nicht bekannter Keller aus dem frühen 13. Jahrhundert befand. Es wurde ein neuer Standort gefunden, bei dem die unvermeidbaren Verluste an historischer Bausubstanz deutlich geringer waren.

Die Arbeit an der Burg Ziesar belegt die Notwendigkeit und den Nutzen sanierungsvorbereitender Untersuchungen an Baudenkmalen vor der endgültigen Festlegung von Planungszielen. Erst durch die bauhistorischen und restauratorischen Untersuchungen wurde der tatsächliche Wert der zu sanierenden Gebäudegruppe offenbar. Dabei entstanden dem Bauherrn keinerlei Nachteile. Im Gegenteil: Die Entdeckung bauhistorisch bedeutsamer Befunde bot hier die Möglichkeit, ernsthaft eine museale Nutzung ins Auge zu fassen. Durch die detailgenaue Erfassung und Bewertung des Bestandes wurde die Grundlage für ein von den Ausstellungsmachern in enger Abstimmung mit den Fachplanern fachlich fundiertes Konzept geschaffen, das den Besuchern die Burggebäude selbst als kostbare Ausstellungsstücke präsentiert.[9] Mehr wird Bauforschung selten erreichen können.

---

8   Die Baumaßnahmen wurden durch das Architekturbüro Kühn-von Kaehne und Lange begleitet.
9   Siehe den Beitrag von Clemens Bergstedt und Heinz-Dieter Heimann in diesem Band.

Die mittelalterlichen Wandmalereien

Bestand und Restaurierungsgeschichte

Wilfried Sitte

In der bischöflichen Residenzburg Ziesar haben sich umfangreiche Wandmalereien des 13. bis 16. Jahrhunderts erhalten. Bekannt und von der Forschung vielbeachtet ist die vollständig ausgemalte Burgkapelle.[1] In den Jahren 1993 und 1994 führten restauratorische Arbeiten an den Malereien im Erkerraum des Palas zur Erarbeitung eines Konservierungs- und Restaurierungskonzeptes.[2] Für die Wandmalereien der Kapelle wurde 1995 ein erstes Konzeptionspapier erstellt. Seit 1999 sind im Rahmen der laufenden umfangreichen Sanie- rungs- und Umbauarbeiten in der Burganlage Ziesar auch die Wandmalereien in der Kapelle und in den ehemaligen bischöflichen Wohn- und Repräsentationsräumen konservatorisch und restauratorisch bearbeitet worden. Vieles konnte erst im Zuge der Baumaßnahmen untersucht werden. Die zunächst als Prinzipskizzen festgehaltenen Richtlinien mußten entsprechend den neuen Ergebnissen präzisiert und dem Bauablauf angepaßt werden. Auf der Grundlage der umfassenden Bestands- und Zustandsuntersuchungen in den Jahren 1999–2002 und der darauf basierenden Konservierungs- und Restaurierungskonzeption wurde mit den verantwortlichen Mitarbeitern des Brandenburgischen Landesamtes für Denkmalpflege und Archäologisches Landesmuseum (BLDAM) die denkmalpflegerische Zielstellung abgestimmt und der konkrete Maßnahmeplan festgelegt.[3] Die festgelegten restauratorischen Anforderungen waren mit den praktischen Bedürfnissen eines Museums in Übereinstimmung zu bringen. Standardlösungen gab es dafür nicht. Für die komplexe Thematik der Temperierung der Museumsräume wurden im Rahmen eines Kolloquiums grundlegende Richtlinien erarbeitet.[4]

Fassaden von Kapelle, Palas und Ostflügel

Die hofseitige Fassade der Kapelle ist reich dekoriert. Die vertikale Betonung der Fassaden- gliederung wird durch die unmittelbar westlich an die Wandöffnungen anschließenden flachen Lisenen mit Maßwerkfriesen erreicht. Die zart profilierten Fenster korrespondieren mit dem schmuckreichen kielbogigen Stufenportal. Unterhalb der Traufe bilden zwei Maßwerkfriese den oberen Abschluß der Wandfläche. Wie die Kapelle zeigte sich auch die unmittelbar anschließende Fassade des Palas in dem für die Backsteingotik typischen Farbbild des roten Backsteins mit einem weißen Netzwerk der Mörtelfugen. Im Gurtgesimsbereich zwischen dem jetzigen Erd- und ersten Obergeschoß sind Reste eines umlaufenden Frieses erhalten.

---

1 WOCHNIK 1991, 1998, 2000, 2003; FINDEISEN 1992.

2 Alle Untersuchungen unterstanden der Leitung von Wilfried Sitte.

3 Fragen physikalischer und chemischer Art wurden in Zusammenarbeit mit Frau Dr. Arnold vom Branden- burgischen Landesamt für Denkmalpflege geklärt.

4 Das Kolloquium zur Bautemperierung fand am 31. Mai 2002 in Ziesar statt. Referenten waren Jürgen Roloff, Institut für Bauklimatik der Technischen Universität (TU) Dresden, Klaus Graupner, Institut für Bauklimatik der TU Dresden, Henning Großeschmidt, Landesstelle für nichtstaatliche Museen in Bayern. Im Ergebnis der Diskussion wurde eine weitgehend auf den Vorschlägen des Instituts für Bauklimatik TU Dresden beruhende Lösung favorisiert.

Detail des Frieses von 1460/70,
Restauratorische Untersuchung im
Jahr 2001

Bei dem Fries handelt es sich um einen vom Vorgängerbau übernommenen Bauschmuck, der in die neue Fassade 1460/70 integriert wurde. Eingeritzte Linien und Zirkelschläge gliedern ihn. Auf den weißen Putzuntergrund waren entsprechend diesen Vorgaben ziegelrote Ornamente gemalt.

Mit dem Umbau des bischöflichen Wohnbaus um 1460/70 erhielt diese Fassade unterhalb der Traufe erneut einen umlaufenden Fries. Auch hier wurden die Formen für die Malerei in den frischen Putz eingeritzt. Auf weißem Untergrund verläuft mittig im Fries ein ockerfarbener Stab, der von dunkelrotem Blattwerk umwunden wird. Der rote Farbton der Malerei von 1460/70 zeigt eine auffallende Ähnlichkeit mit den ältesten erhaltenen Farbfassungen der Innenräume von Kapelle und Palas.

Zwischen dem Unter- und Obergeschoß liegt eine um eine Steinlage zurückgesetzte Spitzbogenfläche. Diese ist wie auch die ebenso ausgeführten Flächen über den Fenstern mit einem Kalkputz belegt. Die hier aufgefundenen Reste einer grauen Farbe weisen auf eine farbige Gliederung der weißen Fläche hin.[5] Der Farbton ähnelt dem Grau der Putzflächen hinter dem Maßwerk der Kapellenfassade. Mit einem intensiven Rot sind die Fenstergewände und die unmittelbar an die beiden Friese, die Öffnungen und Bögen schließenden Flächen in einer Breite von ein bis zwei Backsteinen umfahren. Die Wand im Erdgeschoß unterhalb

---

5   Reste eines Zierwerkes ließen sich nicht ermitteln.

Die mittelalterlichen Wandmalereien   81

des Spitzbogenfeldes ist mit Rot flächig gefaßt. Befunde im westlichen Erdgeschoßbereich weisen auf weitere rot angelegte Flächen hin. Möglicherweise waren große Wandflächen des Untergeschosses rot gestrichen.

Ausmalung der Kapelle

Die Kapelle ist ein vierjochiger, unregelmäßiger Rechtecksaal. An der Ostwand der Kapelle befindet sich das Relief einer Gruppe von fünf thronenden Heiligen. In der Mitte sitzt Petrus mit Doppelschlüssel und Tiara, rechts davon Paulus mit Schwert, dann Ägidius († 721, Abt von St-Gilles) mit der Hirschkuh zu seinen Füßen. Links neben Petrus sitzt Andreas mit dem Andreaskreuz, dann der heilige König Sigismund († 524, König von Burgund) mit den

Votivstein an der Ostwand der Kapelle, Zustand 2004. Die deutsche Übersetzung des lateinischen Textes lautet: »Im Jahre des Herrn 1470 hat der ehrwürdige Vater in Christus und Herr, Herr Dietrich, 37. Bischof der Kirche von Brandenburg, diese Basilika erstmals durch eine fromme Stiftung erbaut und zu Ehren der hier in Stein gehauenen Heiligen gottfürchtig geweiht. Betet für ihn.«[6]

königlichen Attributen Krone und Reichsapfel. Rechts der Inschrift befindet sich das Brandenburger Stiftswappen: im Schild zwei gekreuzte Schlüssel und über dem Schild eine Mitra mit zwei Bischofsstäben; auf der linken Seite das Familienwappen des Bischofs Dietrich von Stechow (1459–72): drei mit kleinen Blumen versetzte Streifenbänder, darüber ein Helm mit Meerkatze.

Ursprünglich befand sich der Altartisch direkt unter der Votivtafel. Um 1500, mit Neuausmalung der Kapelle, wurde dieser Platz aufgegeben und die Stipes im Ostjoch neu errichtet.

---

6 Transkription und Übersetzung durch Ilias Bartusch, Heidelberger Akademie der Wissenschaften, Forschungsstelle Deutsche Inschriften.

Wilfried Sitte

Im 19. Jahrhundert wurde der Altartisch abgerissen. Mit der kirchlichen Nutzung durch die katholische Gemeinde Ziesar seit 1952 errichtete man die Stipes in der Nähe des historischen Standorts neu. Sie ist in ihren Abmessungen kleiner als der ursprüngliche Altarunterbau.

Das westliche Kapellenjoch ist im Erdgeschoß vom Kirchenraum durch eine Wand unter der Empore abgetrennt und bildet einen Nebenraum, der jetzt als Sakristei genutzt wird. Durch die Feuerstelle in diesem unter der Westempore liegenden Raum konnte möglicherweise der Emporenfußboden erwärmt werden. Auf der Westempore war der Platz der Bischöfe, sofern sie nicht selbst die heilige Messe zelebrierten. Vom Kirchenschiff erreicht man über eine schmale, steile Treppe die Empore. In der Wand unter der Westempore befindet sich eine Sitznische. Auf dem hier ursprünglich eingebauten hölzernen Sitz mit Rückenlehne nahmen der Kurfürst oder hochgestellte Besucher Platz. Von der Westempore gelangt man über die

Nordemporen in einen Verbindungsgang des Torgebäudes. Dieser führt in ein einfaches Treppenhaus, von dem aus man Palas und Torhalle erreicht. Von der mittelalterlichen Ausstattung ist bis auf die Wandmalereien nichts mehr erhalten. Ursprünglich stand die Grabtumba des Kirchengründers, Bischofs Dietrich von Stechow, mitten in der Kapelle.[7] In die Sakramentshausnische der Westwand wurde ein modernes Gehäuse eingebracht. Das Kruzifix von 1510 an der Ostwand stammt aus dem ehemaligen Franziskaner-Nonnenkloster St. Klara aus der Stadt Weißenfels. Es wurde 1952 angebracht. Die in der südöstlichen Ecke aufgestellte Mondsichelmadonna vom Ende des 15. Jahrhunderts ist eine Leihgabe aus Rogäsen / Landkreis Brandenburg.

Wächterfigur aus der Zeit um 1470 nach ihrer Freilegung im Jahr 2002. Dem mittelalterlichen Weltbild entsprechend sollte der heilige Raum vor dem Eindringen böser Mächte – beispielsweise durch Lüftungsröhren – mit Hilfe solcher Wandmalereien geschützt werden.

Bereits zur Weihe der Kapelle im Jahre 1470 wies der Kirchenraum eine prächtige Raumausmalung auf. Die weißen Wände wurden mit grauen, grünen und roten Flächen gegliedert. Die Dienste und Konsolen waren rot und schwarz gestrichen. Die alternierend rot und grün gefaßten Gewölberippen wurden mit jeweils in der anderen Farbe ausgeführten Begleitstrichen von den weißen Gewölbekappen abgesetzt. Einige Schlußsteine und Konsolen sowie die Kapitelle der Westempore waren zusätzlich mit Schwarz, Blau, Grün, Rot, Gelb und Orange (Mennige) differenziert. In den Scheidbögen der Emporen wurde eine rote Rankenmalerei gefunden. In den Gewölbezwickeln waren Gesichter gemalt, aus deren Mündern Tonröhren zur Entlüftung der Gewölbe in den Kapellenraum ragten.[8]

---

7   Geheimes Staatsarchiv Berlin Preußischer Kulturbesitz VI. HA, Rep. 92, NL Bekmann, Nr. 50 Ziesar, Bl. 48v. Ich danke Clemens Bergstedt für diesen Hinweis.

8   Siehe BUSKE 2002, S. 47.

Strahlenkranzmadonna in der östlichen Nische der Kapelle, Zustand nach der Restaurierung 2003

Wilfried Sitte

Diese Raumfassung wurde jedoch um 1500 zugunsten einer neuen Farbigkeit aufgegeben. Im Zusammenhang mit der Neuausgestaltung des Kapellenraumes erfolgten einige bauliche Veränderungen. Die Verbindung von der Westempore über die westliche Nordempore gab man auf. Der große Bogen wurde zugesetzt und nur noch eine schmale Öffnung für zwei direkt aufeinander folgende Türen belassen. Auch die früheren Emporenbrüstungen ersetzte man durch massive Mauern, die mit einer breiten Holzbohle abgeschlossen wurden.[9]

Zu dieser Zeit regierte Bischof Joachim von Bredow (1485–1507). In sein Episkopat fallen auch umfangreiche Baumaßnahmen an den Wohngebäuden der Residenz. Diese erhielten großzügige Raumstrukturen und wurden – wie in der Kapelle – mit aufwendiger Maßwerk- und grünmonochromer Rankenmalerei versehen. In der Kapelle schließt die illusionistische Architekturmalerei der Gewölbebereiche die vegetabile Malerei der Wandflächen ab. Diese, sich über alle Wandbereiche ausbreitende, filigran ausgeführte Malerei, in die Blütenmotive eingebunden sind, wird im Sockelbereich durch einen gemalten Vorhang abgeschlossen. Während die illusionistische Maßwerkmalerei an Stelle einer wirklichen Architektur steht, suggeriert die vegetabile Malerei einen Naturraum. Die Kapelle stellt eine Laube dar, die in einem Himmels- bzw. Paradiesgarten steht. Die Bündelpfeiler und Gewölberippen waren im Wechsel rot oder schwarz angegeben und mit weißen Fugenstrichen gegliedert. In den Bogennischen unter der Nordempore befinden sich, von Ost nach West gesehen, die Darstellungen einer Strahlenkranzmadonna, der Wurzel Jesse und eines noch nicht näher bestimmten Stammbaumes.

Bereich des Christusmonogramms an der Ostwand, Zustand 2004. Sehr gut ist die Rankenmalerei aus der Zeit um 1500 erhalten. Bei der Überarbeitung der Maßwerkmalerei im Jahr 1952 wurde die ursprünglich diffizile Gliederung nicht wieder aufgenommen.

Die Malereien sind insgesamt von hoher künstlerischer Qualität und ausgezeichneter handwerklicher Ausarbeitung. Die hohe Wertigkeit der Ausmalungen dokumentiert sich auch in den verwendeten Materialien. So fanden die Edelsteinpigmente Azurit und Malachit sowie das seltene und teure Pigment Zinnoberrot Verwendung.

Ausmalung von Palas und Ostflügel

Von der Westempore gelangt man über die Nordemporen in einen Verbindungsgang des Torgebäudes. Dieser führt in ein einfaches Treppenhaus, von dem aus Palas und Torhalle erreichbar sind. Im Bereich des Übergangs von der Kapelle zum Palas, oberhalb der Tor-

---

9   Auf der Westempore befindet sich die Inschrift: »Arnoldus Messen / anno 1504«.

Mit dieser freigelegten und sehr gut erhaltenen Maß-werk- und Vorhangmalerei (um 1500) war bis ins 17. Jahrhundert das gesamte Obergeschoß des Palas ausgestaltet. Zustand während der Restaurierung 2004.

durchfahrt, befindet sich ein zweijochig gewölbter Raum mit vier Wandnischen. Ein über der Türöffnung eingemauerter Stein als Petrussymbol unterstreicht die übergeordnete Bedeutung des Raumes. Möglicherweise handelte es sich bei dem Raum um eine Gerichtsstube. Die Wand- und Gewölbeflächen waren ursprünglich weiß gestrichen. Die Bögen um die große

Neben der Burgkapelle zählt der Standerker im Palas zu den Gebäudeteilen der Burganlage, deren Aus-malung nahezu vollständig erhalten ist. Konsolköpfe von links unten beginnend im Uhrzeigersinn: junge Frau mit blondem Haar, bärtiger junger Mann, Groteske mit aus dem Maul wachsendem Blattwerk, Frau mit Rattenohren und herausgestreckter Zunge. Zustand während der Restaurierung im Jahr 2004.

Wilfried Sitte

Fensteröffnung im Norden, die Rippen, Konsolen und die fein gegliederten Schlußsteine standen in einem kräftigen Rot und waren mit schwarzen Fugenstrichen gegliedert.

Die früheren Raumfassungen im Palas waren schlichte Ausmalungen. Graue Wände und Gewölberippen korrelierten mit den weißen Gewölbeflächen. Einige Wandbereiche wie z.B. Nischen waren weiß abgesetzt. Die Farbigkeit des Erd- und Obergeschosses wurde jedoch im Obergeschoß wie in der Kapelle um 1500 zugunsten der äußerst dekorativen illusionistischen Maßwerk- und grünmonochromen Rankenmalerei aufgegeben.

Im kreuzgewölbten Raum des nordöstlichen Standerkers sind die Wände wie in der Kapelle mit Maßwerkmalerei in den Gewölben und grünmonochromer Rankenmalerei

Konsole mit Kopf, Zustand während der Restaurierung 2004. Dieser Frauenkopf mit Rattenohren und herausgestreckter Zunge im Standerker war im späten Mittelalter Sinnbild für eine betrogene Ehefrau.

Maiestas-Domini-Darstellung während der Restaurierung im Jahr 2004. Jesus Christus thront auf einem Regenbogen, die linke Hand zum Segen erhoben. In der rechten Hand hält er die Erdkugel, Zeichen seiner Weltherrschaft. An den vier Ecken des Bildes stehen die vier Evangelisten, denen die vier lebenden Wesen aus der Apokalypse zugeordnet sind: Mensch, Adler, Löwe und Stier.

Ausschnitt der Malerei an der Nordwand im sogenannten Jerusalemraum des Ostflügels mit einer Stadtdarstellung, Zustand während der Restaurierung 2004

ausgemalt. Einmalig sind die Kopfkonsolen. Diese zeigen von Südwest nach Südost den Kopf einer Jungfrau, den eines bärtigen Mannes, den eines wilden Mannes mit aus dem Mund wachsenden Blattwerk und den Kopf eines in der Tracht verheirateter Frauen gekleideten Weibes mit Rattenohren und herausgestreckter Zunge.

Im als Jerusalemsaal bezeichneten Raum des Ostflügels wurden Fragmente von verschiedenen, übereinanderliegenden Wandmalereien aus der Zeit zwischen dem 1. Viertel des 14. und dem 1. Viertel des 15. Jahrhunderts entdeckt.[10] Diese zeigen nach derzeitigem Kenntnisstand Christus in der Mandorla, eine Palästinakarte und Apostelfiguren, denen je ein Abschnitt des Credo-Wortlauts auf ihren Schriftbändern zugeordnet war.[11]

Restaurierungsgeschichte

Kapelle

Als Ende des 17. Jahrhunderts die calvinistische Gemeinde die Kapelle übernahm, wurden Wände und Gewölbe weiß getüncht. Während der Nutzung durch diese Gemeinde erneuerte man mehrfach den weißen Anstrich. In der Mitte des 19. Jahrhunderts erfolgte in Teilbereichen eine Freilegung und Wiederherstellung der Wandmalereien in rekonstruierender Weise. Aufgrund von Fehlinterpretationen der einzelnen Befunde zeigte man nach der Restaurierung die Fassungen der verschiedenen Zeiten nebeneinander.

Zustand der Kapelle vor der Restaurierung im Jahr 1952. Deutlich zu erkennen ist der alte Standort des Altars und drei Wandöffnungen, die heute bis auf die Sakramentsnische vermauert sind.

---

10 Die Beantwortung der offenen Fragen zu den Darstellungen, der Baugeschichte und zur Nutzung durch die einzelnen Bischöfe ist Bestandteil einer zur Zeit an der Technischen Universität Berlin laufenden wissenschaftlichen Arbeit.

11 Siehe Anm. 6. Dabei handelt es sich um einen Auszug des Apostolischen Glaubensbekenntnisses mit nicht umgelauteten Vokalen, wofür die neuhochdeutsche Entsprechung »Gemeinschaft der Heiligen« lautet.

Wilfried Sitte

Zustand der Kapelle während der Restaurierung 2004. Im Bereich des östlichen Jochs sind die Restaurierungsarbeiten bis auf den bodennahen Bereich abgeschlossen. Im unteren Wandbereich sind die zur Salzminderung aufgebrachten Opferputze zu erkennen.

Die mittelalterlichen Wandmalereien

Da die Kapelle wieder als Gotteshaus genutzt werden sollte, begutachtete der Kirchenmaler und Restaurator Fritz Leweke im Juni 1951 die Kapelle. In seiner Stellungnahme beschrieb er den Zustand der Wandmalereien und benennt die aus seiner Sicht notwendige Vorgehensweise: »Die sehr reizvolle, gotische Ausmalung bestimmt wesentlich den Raumeindruck dieses schönen Ziegelbaus. In der Barockzeit wiederholt mit Tünchen überstrichen, überzieht die Malereien jetzt infolge der Freilegung ein Netz von Fehlstellen, die den farbigen Reiz eher noch steigern. Aufgabe einer Restaurierung des Kircheninneren muß die Schaffung eines geschlossenen Raumbildes sein. Keineswegs kann eine ängstliche Ausretuschierung dieser zahllosen kleinen Fehlstellen in Frage kommen, deren Beseitigung nicht nur eine Minderung des originalen Bestandes bedeuten würde, sondern auch eine wesentlich blassere Gesamtwirkung zur Folge hätte. Anders liegen die Voraussetzungen bei den zahlreichen Ergänzungen, welche teilweise farbig herausfallen und einer Überarbeitung bedürfen. Wie weit sich durch eine sorgfältige Restaurierung noch Teile der ursprünglichen Ausmalung freilegen lassen, ist erst bei der Ausführung festzustellen. Wichtig für einen geschlossenen Raumeindruck ist die farbliche Eintönung der großen Flächen, die keine Malerei tragen und zum größten Teil auch einer Putzausbesserung bedürfen.«[12]

Bei der sich anschließenden Restaurierung wurden die Ergebnisse der Restaurierung aus der Mitte des 19. Jahrhunderts weitgehend belassen. Nur in stark vom originalen Befund abweichenden Bereichen entschied sich Lewecke für eine Neugestaltung. Vor allem innerhalb der Maßwerkmalerei entschloß er sich, die Ergänzungen des 19. Jahrhunderts teilweise aufzugeben und tiefgreifend zu überarbeiten. Die Maßwerkmalerei und die Fehlstellen innerhalb der Grünmalerei überzog er mit farbigen Lasuren. Damit gelang ihm auch, die Wandmalereifragmente verschiedener Bauzeiten zusammenzuführen. Während die Fehlstellen der Malerei der Strahlenkranzmadonna umfassend retuschiert und ergänzt wurden, beließ er die Wandmalereien der anderen Nischen im fragmentarischen Zustand. Hier übte Fritz Leweke bei der Ergänzung und Retusche weitgehend Zurückhaltung. So beließ er in Bereichen, wo originale Befunde fehlten, die Ergänzungen des 19. Jahrhunderts und beschränkte sich auf die optische Zusammenführung größerer Farbflächen sowie der Ranken- und Architekturmalerei. Einige Indizien, wie z.B. stehengelassene Bleistiftvorzeichnungen, deuten auf Abweichungen von seiner ursprünglichen Konzeption oder auf die unvollständige Retusche hin. Zum Ende des Sommers 1952 war die Restaurierung der Wandmalereien abgeschlossen. Wie von Fritz Leweke vorgesehen, konnte ein geschlossener Raumeindruck erzielt werden.

Palas und Ostflügel

Bereits Anfang des 17. Jahrhunderts wurden die Malereien in den Wohngebäuden übermalt und erhielten eine dem Zeitgeschmack entsprechende Farbigkeit, die in einigen Erdgeschoßräumen noch erhalten ist. Einziger Schmuck der weiß bis hellgrauen Wände sind dünne, schwarze Striche, die den Deckenanschluß umfahren. Ähnlich ist die Gestaltung der Decken: dünne, schwarze Begleitstriche vermitteln zwischen schwarzen Balken und weißen Deckenfüllungen.

Während der Umbauarbeiten zum Schulinternat 1955/56 entdeckte man im Ostflügel Reste mittelalterlicher Wandmalereien. Diese wurden nicht im ausreichenden Maße untersucht, so

---

12 Privatarchiv Sitte, Kostenanschlag Fritz Lewekes an den Konservator der Kunstdenkmale Halle / Saale vom 2. Juni 1951.

Wilfried Sitte

daß man deren kunsthistorische Bedeutung nicht in vollem Umfang erkannte. Unmittelbar vor der Begutachtung durch den Restaurator Ernst Dorek[13] wurden die Wandmalereien soweit zerstört, daß sich das Institut für Denkmalpflege Berlin entschloß, den Denkmalschutz für die Wandmalereien aufzuheben und den Ausbau für Internatszwecke zu gestatten. Da aber vor die Wände mit den Malereien eine Mauer gesetzt wurde, sind die Darstellungen erhalten geblieben. Im Jahre 2000 wurden die Wandmalereien im sogenannten Jerusalemsaal wieder aufgefunden. Im Rahmen der umfassenden restauratorischen Befunduntersuchung konnte auch deren sofortige Sicherung und umfassende Untersuchung gewährleistet werden.

Im Jahre 1974, im Vorfeld von Sanierungsarbeiten am Bergfried, dem Storchenturm und den Dächern des Internatsgebäudes, erarbeiteten die Mitarbeiter des Instituts für Denkmalpflege Berlin Vorgaben für die Burg. Gleichzeitig stellte man einen kleinen, als Ab-stellkammer genutzten, spätgotisch eingewölbten Raum mit Resten alter Ausmalung unter besonderen Schutz.[14] In den Jahren 1993/94 wurden in diesem kreuzgewölbten Erkerraum erste Restaurierungsarbeiten durchgeführt und eine Konzeption für die Restaurierung dieser Wandmalereien erarbeitet.[15] Die hier gewonnenen Erkenntnisse sind Grundlage der seit 1999 laufenden Restaurierungen der Wandmalereien in der Burg Ziesar.

Der Zustand der Wandmalereien vor der Restaurierung

Sowohl in der Kapelle als auch im Palas und Ostflügel sind die originalen Putz- und Mal-schichten weitgehend erhalten. Unzureichende Baupflege, altersbedingte Setzungs- und Verfallserscheinungen führten allerdings zu starken Schäden an den Wandmalereien. Diese zeigten sich in Form von großen Fehlstellen der Mal- und Putzschicht sowie an einem ausge-prägten Rißsystem, das die Wandflächen überzog. Entlang dieses verzweigten Rißsystems wurde eine Vielzahl kleinerer und größerer Ausbrüche festgestellt. In den Randbereichen fanden sich Zonen, in denen der Putz ohne ausreichende Anbindung an den Untergrund und den angrenzenden Flächen lose, allein gehalten durch Verspannungen der einzelnen Putzschollen untereinander, stand. Diese Abschnitte waren akut gefährdet und Verluste von originaler Substanz bereits festzustellen. Das Fortschreiten des Verfalls dokumentierte sich durch abgefallene Partikel, die immer wieder auf dem Boden gefunden wurden. Vielerorts besaß der Putz keine ausreichende Strukturfestigkeit und sandete oberflächig ab. Weiterhin gab es Abschnitte, in denen die Putzschicht zwar über eine ausreichende Festigkeit, jedoch nicht über ausreichende Haftung zum Mauerwerk verfügte. Hier fand man Hohlstellen, welche teilweise beulig vom Untergrund abstanden.

Die Wandoberflächen waren stark verschmutzt, und gerade in den Bereichen, in denen die Malerei nicht durch Überfassungen geschützt war, stellten diese Schmutzschichten ein erhebliches Schadenspotential dar. Vor allem in der Kapelle und den Erdgeschoßräumen des Palas waren die Fehlstellen innerhalb der originalen Putzschicht bei früheren Repara-turen durch ein Konglomerat von Reparaturputzen geschlossen worden, wobei man in den Übergangsbereichen zur originalen Putzschicht diese großzügig übergangen hatte. Über die gesamten Oberflächen der Malereien verteilt, existierten mehr oder weniger tiefe, bis

13 Privatarchiv Sitte, Ernst Dorek an den Leiter des Instituts für Denkmalpflege Berlin, Bericht über Besichti-gung der Fragmente von Wandmalereien in der Burg Ziesar vom 21. Februar 1956.
14 Siehe Brandenburgisches Landesamt für Denkmalpflege und Archäologisches Landesmuseum, Objektakte Ziesar.
15 Siehe Anm. 2.

Der heute von einer dünnen Zementschicht überlagerte Kopf einer Apostelfigur (um 1400) an der Nordwand des Jerusalemraums wurde nur durch besondere Behandlung sichtbar. Zustand während der Restaurierung im Jahr 2004.

in die Putzschicht reichende Kratzer der Freilegungen des 19. Jahrhunderts. Diese-beeinträchtigten die von der malerischen Konzeption vorgegebenen Formführungen und fielen störend ins Auge.

Die Wandmalereien im Jerusalemsaal des Ostflügels sind durch die mutwilligen Beschädigungen soweit zerstört, daß sich bildnerische Zusammenhänge kaum noch herstellen lassen. Weiterhin finden sich überall Stellen, in denen sich weiße, teils undurchsichtige Kalkschleier gebildet haben. Diese führen ebenfalls zu einer optischen Beeinträchtigung und gefährden wegen ihrer hohen Oberflächenspannung die darunter liegenden Schichten. Neben dem altersbedingten Verlust der Intensität der Farbigkeit waren für einzelne Farbflächen tiefgreifende Pigmentveränderungen festzustellen. So sind die ehemals intensiv rot- und orangefarben leuchtenden Flächen in den Blüten, den Kleidungsstücken und den Inkarnaten nun stumpf und dunkel. Durch irreversible chemische Vorgänge verbräunten die vermalten Farbpigmente Zinnober und Mennige. Innerhalb der mit einem Azurit blau bemalten Flächen mußte ein Umschlagen des Pigments zu einem Grün festgestellt werden.

Konservierungs- und Restaurierungsmaßnahmen

Ziel der konservatorisch-restauratorischen Maßnahmen ist es, die wertvollen historischen Putze, Wandfassungen und Malereien möglichst dauerhaft zu erhalten.[16] Die Konservierungsmaßnahmen umfaßten Oberflächenreinigungen, partielle Freilegungen, Putz- und Malschichtfestigungen sowie Kittungen der Putzschicht. Die Fehlstellen innerhalb der Putzschicht wurden mit einem Kalk-Sand-Putz geschlossen. Die Kratzer und Hacker wurden jedoch belassen. Die Risse sind, soweit möglich, wieder geschlossen. Nach Abschluß der konservatorischen Arbeiten bestand in der Kapelle die Möglichkeit, mit der Retusche Einfluß auf das optische Erscheinungsbild zu nehmen. Dabei waren die 1952 vorgegebenen Richtlinien in dem Sinne richtungsweisend, daß das Vorgefundene das Maßgebende war – egal mit welchen Überformungen. Dementsprechend wurde der 1952 geschaffene Zustand respektiert und nicht in ändernder, also interpretierender Weise eingegriffen. Die Retusche in den Flächen wurde überwiegend als Aqua-Sporka-Retusche ausgeführt. Einzelne Bereiche und die Binnenzeichnungen erforderten eine Retusche in Tratteggiomanier.

Für die fragmentarischen Wandmalereien im sogenannten Jerusalemraum wurde auf umfangreiche Retuschemaßnahmen weitgehend verzichtet. Die Farbfassungen aus unter-

---

16 In Zusammenarbeit mit dem Brandenburgischen Landesamt für Denkmalpflege wurde die Konservierungs- und Restaurierungsmethodik abgestimmt.

Wilfried Sitte

schiedlichen Entstehungszeiten sollten gleichberechtigt nebeneinander gezeigt und in das Museumskonzept für diesen Raum eingebunden werden. In einigen Palasräumen, die in ursprünglicher Grundstruktur erhalten sind, konnten die Farbfassungen des 16. und 17. Jahrhunderts ermittelt werden. Mit der Rekonstruktion der historischen Farbigkeit dieser Räume erhält der Betrachter einen annähernd authentischen Raumeindruck. Zukünftig werden die Wandmalereien in der Kapelle, im Palas und im Ostflügel kontinuierlich beobachtet, um das Auftreten von Schäden, den Verlauf der Alterung, das Raumklima sowie sämtliche Veränderungen zu kontrollieren und zu überwachen. Auf Schädigungen kann dann sofort mit geeigneten Maßnahmen reagiert werden.

Das Museum

Freiheit und Begrenzung

Die Burg als Herausforderung für den Architekten

Gerald Kühn-von Kaehne

Nur selten erhält man als Architekt die Gelegenheit, ein Bauvorhaben an einem solch geschichtsträchtigen Ort wie der Burg Ziesar zu planen und zu leiten. Die Bewahrung der wertvollen originalen Bausubstanz, die Sichtbarmachung der bauhistorischen Befunde sowie das Einbringen der für einen Museumsbetrieb notwendigen Technik und architektonischen Einbauten waren eine Herausforderung und eine anspruchvolle Aufgabe zugleich.

Grenzwerte aufnehmen

Der Umgang mit den bestehenden denkmalgeschützten Gebäuden der ehemaligen bischöflichen Burganlage basierte auf drei Grundgedanken:
- Erhalt der wertvollen originalen Bausubstanz nach den Vorgaben der Denkmalpflege[1]
- Kenntlichmachung der neu hinzugefügten Architektur in zeitgemäßer Formensprache
- Rücksichtnahme auf die bauhistorischen und archäologischen Befunde sowie deren Integration ins architektonische und inhaltliche Museumskonzept.

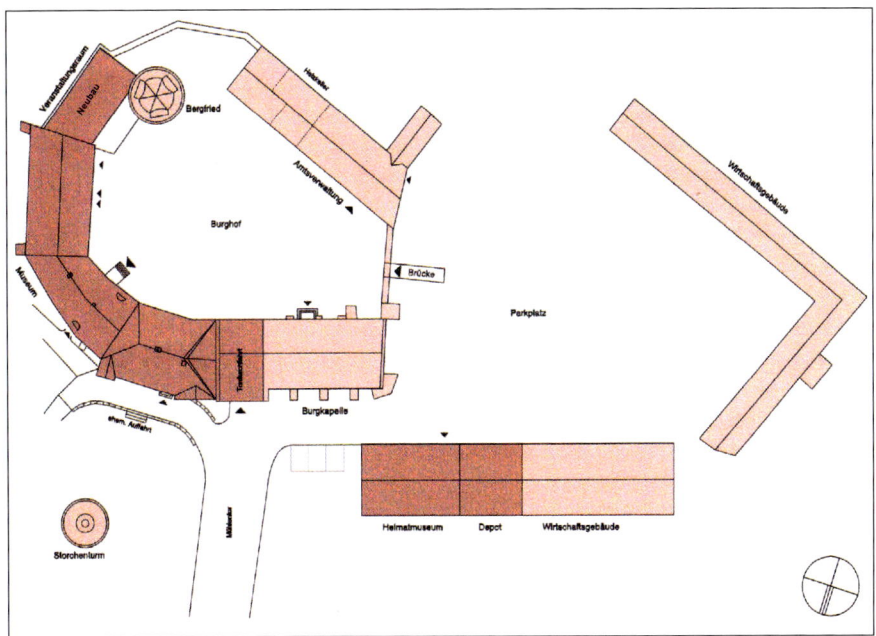

Plan der Burganlage

---

1   Siehe den Beitrag von Thomas Drachenberg in diesem Band.

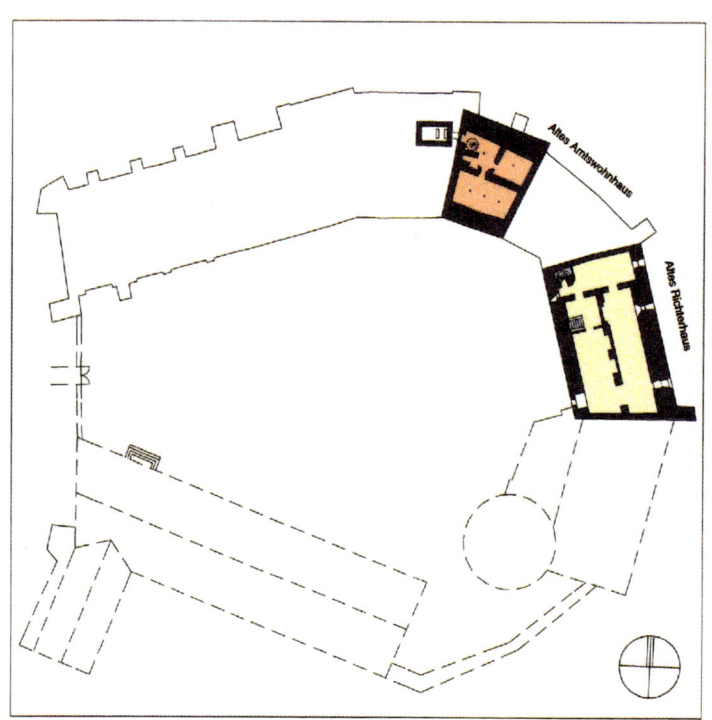

Grundriß Kellergeschoß

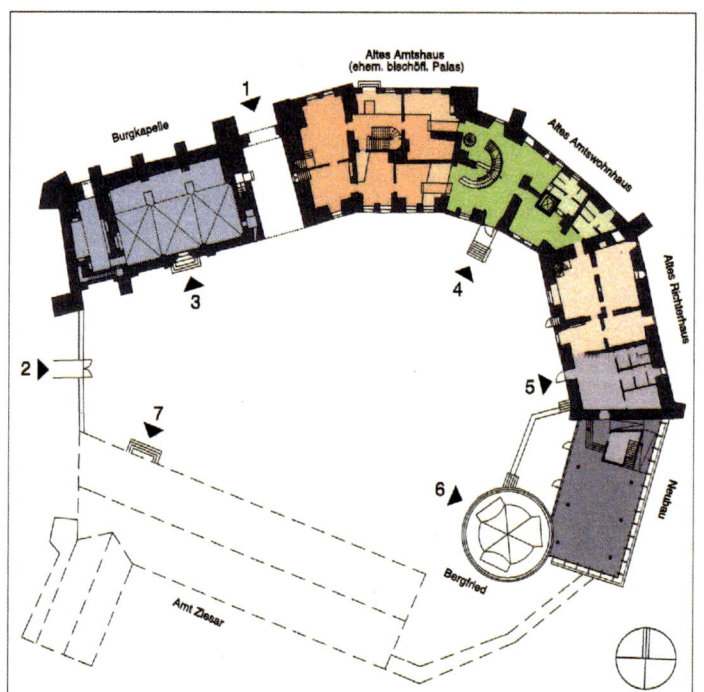

1 Historischer Zugang
  zum inneren Burghof
2 Neuer Zugang
  zum inneren Burghof
3 Eingang Burgkapelle
4 Haupteingang Museum
5 Haupteingang
  Veranstaltungsbereich
6 Eingang Bergfried
7 Eingang Amt Ziesar

Grundriß Erdgeschoß

Gerald Kühn-von Kaehne

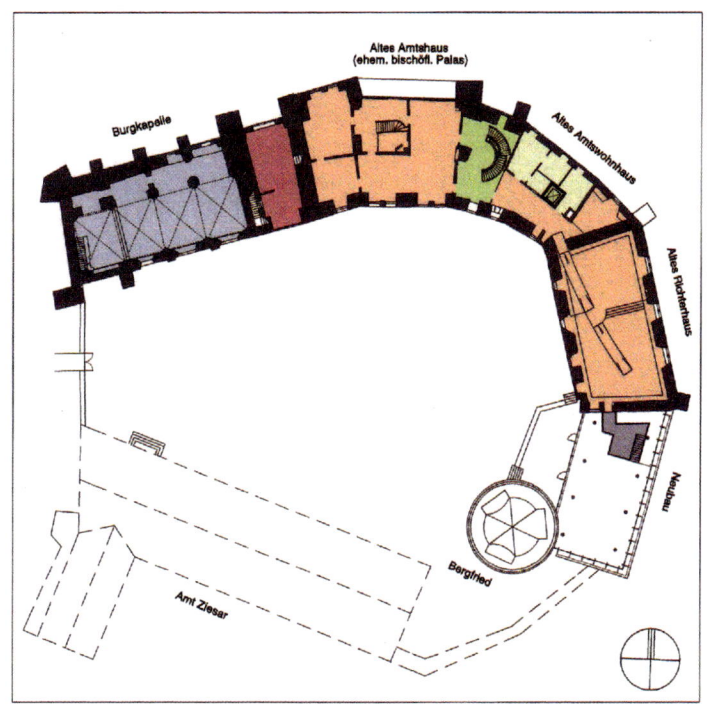

Grundriß 1. Obergeschoß

Legende

![Ausstellung] Ausstellung

![Wechselausstellung] Wechselausstellung

![Eingangsbereich] Eingangsbereich / Erschließung

![Veranstaltungsbereich] Veranstaltungsbereich

![Museumspädagogik] Museumspädagogik

![Museumsleitung] Museumsleitung

![Burgkapelle] Burgkapelle

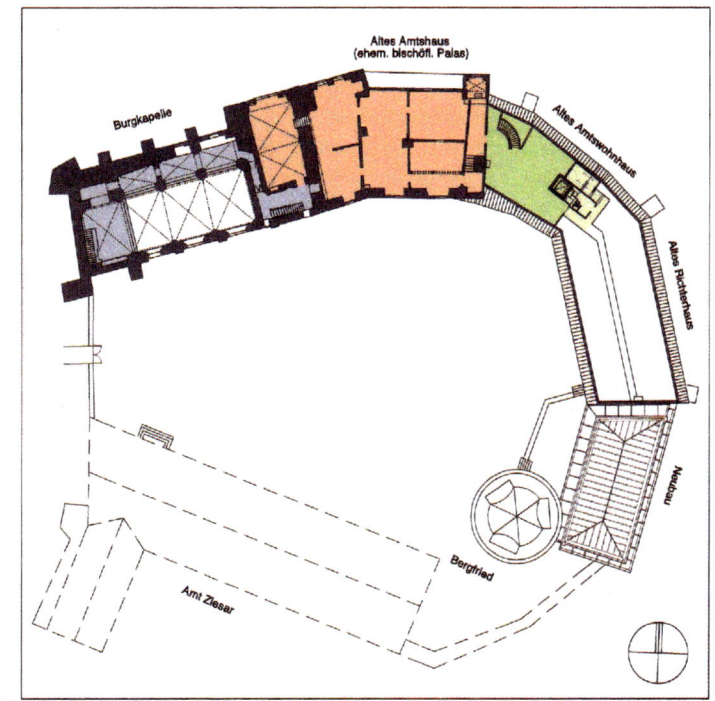

Grundriß 2. Obergeschoß

Ziel der Planungen war es, die 800jährige Baugeschichte begehbar und erlebbar zu machen. Ein Baudenkmal mit derartigem kulturgeschichtlichen Stellenwert bedarf umfassender Voruntersuchungen. In diesem Zusammenhang sind besonders die bauhistorischen, restauratorischen und archäologischen Untersuchungen zu erwähnen. Die vom Bauforscher erarbeitete Bauphasenkartierung, welche nahezu lückenlos das Alter und die Lage der Bauteile – beginnend mit dem 13. Jahrhundert und endend mit dem Ausbau zum Internat 1955/56 – aufzeigt, wurde Entwurfsgrundlage. Sowohl die Aufteilung der Ausstellungs- und Nebenräume als auch die vertikale und horizontale Erschließung des Museums ergaben sich aus der historisch gewachsenen Gebäudestruktur.

Beim Entwurf zur Raumabfolge und zur Erschließung des Museumsgebäudes kam es darauf an, den künftigen Eingangsbereich vom Burghof betreten zu können und im Inneren zentral zu plazieren. Ebenso wichtig war die Gewährleistung von klaren Museumsrundgängen. Hierbei mußten die Anforderungen der Bauaufsicht bezüglich Brandschutz, Arbeitsschutz und der Fluchtwege beachtet werden. Besondere Auswirkungen hatte die Entscheidung des Bauherrn, das Museum behindertengerecht zu planen. So galt es, die Zugänglichkeit der Ausstellungsräume für Rollstuhlfahrer in einer Art und Weise zu gestalten, daß die historische Bausubstanz nicht beeinträchtigt wird.

Die als unbedeutend eingestuften Wände und Wandverkleidungen des Internatsbaus wurden bereits im Planungsstadium aufgegeben und konnten daraufhin entfernt werden. Hingegen blieb die mittelalterliche und barocke Bausubstanz grundsätzlich erhalten. Nur im neu zu schaffenden Eingangsbereich des Museums mußten in Abstimmung mit der Denkmalpflege zwei unbedeutende schlichte, nicht mit Fassungen versehene barocke Wände entfernt werden. Dadurch wurde es möglich, die mittelalterlichen Gewölbekeller unter dem Eingangsbereich freizulegen.

Die wertvollen, vom Restaurator untersuchten und zum Teil freigelegten Wandfassungen haben die Raumabfolge, den Museumsrundgang und die Unterbringung der Haustechnik maßgeblich beeinflußt. Zum Beispiel wurde die Heiztechnik so konzipiert, daß die klimatischen

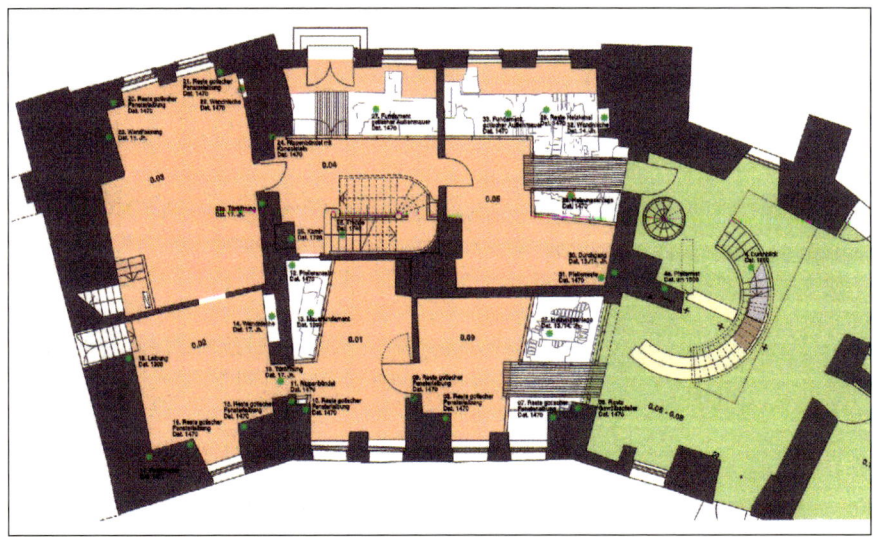

Grundriß des Erdgeschosses, Ausschnitt: Eingangsbereich mit anschließendem Ausstellungsbereich, bauseitigen Exponaten und freigelegten archäologischen Grabungen

Gerald Kühn-von Kaehne

Feuerungsöffnungen
der mittelalterlichen
Heizungsanlage und
Treppe von den aus-
gegrabenen Gewölbe-
kellern ins Erdgeschoß,
Zustand Januar 2005

Anforderungen für die mittelalterlichen Wandfassungen Berücksichtigung fanden. Daher sind die Hauptleitungen der Heizungsanlage in sinnvoller Entfernung zu den Wandfassungen installiert, um dieselben vor schädlicher Wärme zu schützen.

Die archäologischen Untersuchungen im Gebäude flossen ebenso wie die bauhistorischen Befunde in die Planung ein. Für die freigelegten Gewölbekeller und mittelalterlichen Heizungsanlagen galt es eine Konstruktion zu finden, die diese begehbar macht. So mußte im Eingangsbereich eine extrem flache Deckenkonstruktion über den Gewölbekellern hergestellt und eingepaßt werden, die nicht auf den Gewölberesten ruht. Das gelang durch eine Holzkonstruktion mit minimierten Spannweiten und kleinen Querschnitten. Über eine zierliche Eisentreppe kann der Besucher in den Gewölbebereich gelangen und hat von hier aus einen Einblick in die Brennkammer der mittelalterlichen Heizungsanlage und in den ehemaligen »Pfaffenkeller«.[2] Eiserne Brücken mit filigran gehaltenen Geländern geben einen unmittelbaren Einblick auf und in die mittelalterlichen Heizungsanlagen. Bei den neuen Metallkonstruktionen wurde genau darauf geachtet, diese zurückhaltend zu gestalten, um nicht vom Gebäude mit seinen Befunden abzulenken.

Während des Baugeschehens gab es immer wieder neue Entdeckungen. Darauf mußte reagiert werden! Es war zum Beispiel ursprünglich geplant, vom Gewölbekeller zum Erdgeschoß eine neue Zugangstreppe einzubringen. Während des vorsichtigen Abbaus der dort vorhandenen, denkmalpflegerisch unbedeutenden Ziegelsteintreppe stellte sich heraus, daß sich unter ihr Reste einer schmalen mittelalterlichen Wendeltreppe mit runder Spindel aus Formsteinen befanden. Aus diesem Grund wurde der Hauptzugang zum Gewölbekeller nach außen verlegt. Die Reste der Wendeltreppe wurden mit einer modernen Stahlkonstruktion ergänzt.

---

2   Siehe den Beitrag von Martina Voigt in diesem Band.

Treppe im 1 . Obergeschoß, Zustand Januar 2005

Blick vom Erdgeschoß
ins Treppenhaus,
Zustand Januar 2005

Gerald Kühn-von Kaehne

Der einfache, zwischenzeitlich abgewitterte Putz, der die Hoffassaden seit der Barockzeit überzog, wurde nicht wieder angebracht. Statt dessen wurde die putzlose Fassade stellenweise restauriert und in Gänze konserviert. Dadurch sind heute alle wesentlichen Bauphasen an den Fassaden ablesbar. Mittelalterliche und barocke Baustrukturen stehen somit nebeneinander, obwohl es historisch nie so war. Aber gerade die nebeneinander sichtbare Abfolge von Baustilen läßt die vergangenen Epochen deutlich werden.[3]

Alte Türen – neue Wege

Der Besucher gelangt über eine neue, aus Granitstein gefertigte Zugangstreppe und eine kleine Holz-Stahl-Brückenkonstruktion, die den respektvollen Abstand zur Fassade wahrt, ins Museumsgebäude. Die Eingangstür aus Stahl mit schlanken Profilen und großflächiger Verglasung, die den Blick ins Museum freigibt, befindet sich in einer ursprünglichen Fassadenöffnung des 18. Jahrhunderts. Die Ausstellung beginnt beim Überschreiten der filigranen eisernen Brückenkonstruktion, die den Blick auf die erste mittelalterliche Unterboden-Warmluftheizung mit Brennkammer ermöglicht. Die dann folgenden Ausstellungsräume werden über die noch vorhandenen barocken, teilweise wieder freigelegten Türöffnungen erschlossen. Der Rundgang im Erdgeschoß führt über sechs Räume, vorbei an der sehr einfach gestalteten barocken Treppe, die das Erdgeschoß mit dem 1. Obergeschoß verbindet. Da diese Treppe heute nur noch als Fluchttreppe vorgesehen ist, konnte sie im Originalzustand erhalten bleiben. Die nächste Brückenkonstruktion führt über die zweite mittelalterliche Heizungsanlage zurück in den Eingangsbereich. Von hier aus gelangt man über eine Wendeltreppe – in deren Spindel Elektro- und Heizleitungen untergebracht sind – in die ausgegrabenen Gewölbekeller. Wieder oben angekommen, führt der Weg über die leicht geschwungene Haupttreppe ins Obergeschoß, direkt in den nächsten Ausstellungsraum.

In den Ausstellungsräumen befinden sich keine Heizkörper, damit der Raumeindruck gewahrt bleibt. Eine Temperierung ist im Stahlwinkel, der die gelaugten und geseiften Holzböden aus Douglasie einfaßt, untergebracht. Die Freilegungen an Wand und Fußboden werden, wo es technisch notwendig ist, teilweise durch leichte Stahlkonstruktionen unterstützt. Vom letzten Ausstellungsraum im Rundgang wird der Blick durch die extra aus Glas hergestellte Brandschutzwand auf den wichtigsten Raum der Ausstellung freigegeben. Der Jerusalemraum erschließt sich über eine schwebende, leicht gekrümmte stählerne Rampe. Die Notwendigkeit der Rampe ergab sich aus der geforderten Zugänglichkeit für Rollstuhlfahrer, die genaue Lage und Krümmung der Rampe aus der Architektur des Raumes selbst.[4]

Ins zweite Obergeschoß gelangt man wieder über die geschwungene Haupttreppe. Im Bereich zwischen dem Aufgang und den Ausstellungsräumen wurde ein Behindertenlift notwendig, um die unterschiedlichen Höhenniveaus, die sich aus dem Aufeinandertreffen von

---

3   Eine moderne Fassadengestaltung durch den Architekten gab es nicht. Vielmehr ist das heutige Bild der historischen Fassaden das Ergebnis eines intensiven Austausches und einer Abgleichung der unterschiedlichen Standpunkte aller am Entscheidungsprozeß Beteiligten. Das sind: die Fachleute des Brandenburgischen Landesamtes für Denkmalpflege Thomas Drachenberg und Jutta Storch, der Vertreter der Unteren Denkmalschutzbehörde des Landkreises Potsdam-Mittelmark Thomas Langer, der beauftragte Restaurator Wilfried Sitte, der beauftragte Bauforscher Detlev von Olk, der Vertreter des Sanierungsträgers der Stadt Ziesar Walter Bitzer, der Museumskurator Clemens Bergstedt und letztlich die in der Denkmalpflege tätigen Handwerker, die das gesprochene Wort unter den Argusaugen des Architekten und der Bauleiterin Uta von Bogen in eine für alle befriedigende praktische Ausführung am Bau umsetzten.
4   Siehe den Beitrag von Detlef Saalfeld in diesem Band.

Sichtachse im Erdgeschoß, vom Eingangsbereich aus gesehen, Zustand Januar 2005. Im Vordergrund die Brückenkonstruktion über die mittelalterliche Fußbodenheizung.

Ausstellungsraum im 2. Obergeschoß mit Blick in den mittelalterlichen Standerker, Zustand Januar 2005

Sonderausstellungsraum im Erdgeschoß mit originalen Deckenbalken, die durch eine moderne Stahlkonstruktion tragfähig wurden, Januar 2005

Gerald Kühn-von Kaehne

mittelalterlichen und barocken Raumstrukturen ergeben, zu überwinden. Der Behindertenlift befindet sich an der Stelle, die ursprünglich für den Aufzug vorgesehen war. Bei der konstruktiven Gestaltung ergab sich die Schwierigkeit, neben dem Lift, dessen Abmaße vorgeschrieben sind, auch noch eine Besuchertreppe zu integrieren. Eine transparente Wand gibt den Blick frei auf den vollständig ausgemalten Erkerraum, der die mittelalterlichen Raumhöhen aufweist. Durch diese Lösung werden optimale klimatische Bedingungen gewährleistet. In den dritten mittelalterlichen Raum, der in der Burg erhalten geblieben ist, den kreuzgewölbten Raum zwischen Kapelle und Palas, führt eine Treppe, die den mittelalterlichen Durchgang nutzt. Hier ließ die Bausubstanz keine weitergehenden Änderungen zu. Im kreuzgewölbten Raum ist eine Fluchttür (2. Rettungsweg) als Glastür ausgeführt, um den ehemaligen Durchgang von den bischöflichen Wohngemächern zur Kapelle sichtbar zu machen.

Neues zwischen Altem

Zwischen Ostflügel und Bergfried wurde der Veranstaltungsraum für Stadt und Museum errichtet. Der Neubau schließt in diesem Bereich wieder den inneren Burghof. Vielfältige Veranstaltungen mit bis zu hundert Personen können dort stattfinden. Vom Gebäudeinneren hat der Betrachter einen ungehinderten Ausblick auf die wertvollen mittelalterlichen Fassaden des Burghofes und in den Park. Die gesamte Konstruktion des Neubaus ist so ausgelegt, daß die historischen Baustrukturen unberührt blieben. Über die exakt zwischen den archäologischen Befunden plazierten Bohrpfähle und die eingespannten Rundstützen werden die Lasten abgeleitet. Von den Stützen aus kragt die hölzerne Dachkonstruktion aus Douglasie zu den mittelalterlichen Bauten aus, ohne diese zu berühren. Um einen regendichten Anschluß herzustellen, wurden die Verglasungen an die flankierenden Fassaden herangezogen. Die

Blick aus dem neuen Veranstaltungsraum zum Bergfried, Zustand Januar 2005

Die Burg als Herausforderung für den Architekten   103

Neubau des Veranstaltungsraums für Stadt und Museum zwischen Ostflügel und Bergfried, Zustand Januar 2005

Hofansicht der Burg mit Neubau des Veranstaltungssaals

Parkansicht der Burg mit Neubau des Veranstaltungssaals

Gerald Kühn-von Kaehne

großen Glasflächen des Neubaus stehen bewußt in Kontrast zu den Fassaden der Burg und zur Natursteinfassade des Bergfrieds. Die Höhe des Erdgeschoßfußbodens resultiert aus der Höhe der vorgefundenen und unter dem Neubau erhalten gebliebenen archäologischen Grabungen. Die Materialien – Holz für die Fassade, Zink für das Dach – sind der Veränderung

Blick auf den Ostflügel, Veranstaltungsraum und Bergfried, Zustand Januar 2005

unterworfen. Sie werden oxidieren und beigegrau werden. Abhängig von ihrer Ausrichtung, ob nach Norden, Süden, Osten oder Westen, wird sich ihre Porosität ändern.

Mit dem Ausbau zum Museum fand erstmalig eine umfassende Restaurierung der Burganlage unter Berücksichtigung der historischen Bausubstanz statt. Altes wurde konserviert und Neues zeitgemäß hinzugefügt. Der Erweiterungsbau und alle im Inneren notwendig gewordenen Einbauten wurden bewußt modern gestaltet, um den Unterschied zwischen alt und neu zu kennzeichnen. Der Respekt vor der Originalsubstanz und die behutsame Rücksichtnahme auf sie waren für mich als Architekten zu keinem Zeitpunkt eine Begrenzung der Möglichkeiten. Im Gegenteil, die Freiheit Neues zu schaffen und Altes angemessen zu berücksichtigen, war und ist eine Bereicherung und Herausforderung zugleich! Die Auseinandersetzung mit gebauter Geschichte ist seit Jahrhunderten eine immer wiederkehrende Aufgabe für Baumeister.

»Burgseitig« und »Himmelwärts«

Das Museum und sein Ausstellungskonzept der zwei Themenwege

Clemens Bergstedt und Heinz-Dieter Heimann

Ein Kirchenmuseum ist die Bischofsresidenz Burg Ziesar nicht geworden, auch keine Museumskirche im mittelalterlichen Gewand und erst recht kein Burgenmuseum. Vielmehr entstand in Ziesar ein »Museum für brandenburgische Kirchen- und Kulturgeschichte des Mittelalters«. Ein bezeichnender Unterschied. Die Burg Ziesar ist ein Ort von bau- und kunstgeschichtlichem Rang; eine außerordentlich ausgestaltete Residenz der Bischöfe von Brandenburg, die mit der Reformationszeit ihre bis dahin überregionale Ausstrahlung einbüßte. Mehr und mehr wird Ziesar als kulturhistorisches Juwel (wieder)entdeckt.

Das »Museum Bischofsresidenz Burg Ziesar« will mit seinen spezifischen Mitteln Antworten geben auf Fragen, die aus dem Spannungsverhältnis zwischen unserer Gegenwart und dem Horizont einer anderen, vergangenen Zeit entstehen. Dieses Themen-Museum reflektiert und inszeniert Geschichte wie jedes andere Museum auch. Es leistet somit seinen Teil für die notwendige Ausbildung eines Geschichtsbewußtseins. In Zeiten rasch voranschreitender Geschichtsbewältigung ist das Museum ein potentieller »Erinnerungsort«, der neue Horizonte über fast vergessene Geschehnisse eröffnet und somit eine für das Gemeinwesen unverzichtbare historische Selbstvergewisserung ermöglicht.[1] In dieser Funktion korrespondiert das »Museum Bischofsresidenz Burg Ziesar« mit anderen Geschichtsmuseen zwischen Elbe und Oder. Zugleich besetzt es in unverwechselbarer Weise mittelaltergeschichtliche Leitthemen, die dem Haus auch als forschende Einrichtung in Kooperation mit universitären und außeruniversitären Partnern gerecht werden.

Die Entwicklung der Burg zum künftigen Museumsstandort war eine besondere Herausforderung, der Architekten, Denkmalpfleger, Historiker und Designer Schritt für Schritt verantwortlich zu begegnen hatten. An dieser Annäherung von verschiedenen Seiten faszinierte alle, der Aura des Authentischen in der Präsentation des Hauses und seiner Ausstellung gerecht zu werden. Wann aber gilt nach Ansicht der Museumswissenschaft eine Ausstellung als authentisch?[2]

Zunächst, Geschichte ist weithin Konstruktion. Gerade kulturgeschichtliche Ausstellungen bieten methodisch-kritisch bedachte Formen und Dimensionen inszenierter Geschichte. Diese Voraussetzungen gelten auch für das »Museum Bischofsresidenz Burg Ziesar« und die für diesen historischen Ort erarbeitete Exposition. Nach museologischem Verständnis kann eine Ausstellung insbesondere dann als authentisch angesehen werden, wenn sie – wie in Ziesar geschehen – auf das herausragende mittelalterliche Baudenkmal inhaltlich Bezug nimmt. Daher war es die Aufgabe, für das Museum und die Burg ein entsprechend integrales Ausstellungskonzept zu entwickeln.

---

1 BORSDORF und GRÜTTER 1999.
2 Zum Begriff des Authentischen siehe u.a. KORFF 2002a, S. 121; GREENBLATT 1995, S. 18; LETHEN 1996.

Erste Grundüberlegung

Der Umgang mit historischen Baudenkmälern verlangt weitsichtige Verantwortung auf vielen Seiten. In der Stadt Ziesar erwuchs daraus die Entscheidung, die in der jüngeren Vergangenheit geübte Nutzung der Burg und ihres Umfeldes grundlegend zu korrigieren, die baulichen Hinterlassenschaften nunmehr als besonderes Denkmal anzuerkennen und als Ausstellungsobjekt in seiner spezifischen Vielfalt und Wertigkeit der Öffentlichkeit zugänglich zu machen. Diese Herausforderung wurde Programm: Die Burg sollte einerseits als wertvolle historische Hülle mit ihrer baulichen Substanz insgesamt hergerichtet und andererseits als Ausstellungsgegenstand verständlich gemacht werden.

Hätte man diesen Anspruch ausschließlich verfolgt, wäre die Residenzburg für sich allein zum Ausstellungsthema geworden, denn vor Ort haben sich nur wenige mobile Gegenstände als mögliche museale Objekte erhalten. Die Vorstellung, auf drei Etagen in 21 leeren Räumen unterschiedlichste Relikte einer bewegten Baugeschichte zu zeigen, mag zweifellos ihren Reiz besitzen. Dieser Weg aber wurde nicht beschritten, weil er die Gefahr in sich birgt, Vergangenheitswahrnehmung auf die zurückgebliebenen Überreste zu reduzieren.[3]

Für das Projekt Ziesar wurde ein anderes Vorgehen gewählt. Um die Burg in ihrer baulichen und, damit in engster Weise zusammenhängend, in ihrer historischen Authentizität verstehen zu können, sollte ihre wechselvolle Geschichte – über die Baugeschichte hinaus – sichtbar gemacht werden. Das bedeutete konzeptionelle Öffnung und hieß, nicht nur Reste der mittelalterlichen und frühneuzeitlichen Burganlage zu zeigen, sondern vielmehr mittels des Mediums »Ausstellung« zu erklären, warum diese Baubefunde hier – und nur hier – in dieser Dichte und Qualität anzutreffen sind.

Zweite Grundüberlegung

Totale Geschichte zu zeigen ist nicht möglich. Eine epochal-inhaltliche Konzentration der Ausstellung auf die Zeit des Mittelalters ergab sich alternativlos aus der Funktion der bischöflichen Residenz in der Kirchen- und Landesgeschichte der Mark Brandenburg. Das Besondere der Burg Ziesar liegt zweifellos in ihrer rund 200jährigen Nutzung als Residenz der Bischöfe von Brandenburg, beginnend um die Mitte des 14. Jahrhunderts und endend mit der Reformation in der Mitte des 16. Jahrhunderts. Die Funktion als bischöfliche Residenz eines geistlichen und zugleich auch weltlichen Herrschaftsträgers unterscheidet Ziesar von den anderen im Umland befindlichen Burgen. Mehr noch: Ziesar ist die einzige in dieser hochwertigen künstlerischen Ausgestaltung und architektonischen Ausstattung erhaltene geistliche Residenz des späten Mittelalters im nordostdeutschen Kulturraum. Zusätzliche Bekräftigung erfuhr der zeitlichthematische Ansatz durch die jüngere Bauforschung. Von den vielen Bauphasen, die durch die bauarchäologischen Untersuchungen greifbar wurden[4], sind die unter Bischof Dietrich von Stechow (1459–72) vorgenommenen Umbauten in der Burg und in der Burgkapelle aus der Zeit um 1470 die bedeutendsten und zugleich am Baukörper am besten nachzuvollziehenden.

Die Entwicklung eines entsprechenden inhaltlich-thematischen Ausstellungskonzeptes wurde zur Aufgabe einer Arbeitsgruppe von Mittelalterhistorikern an der Universität Potsdam.[5]

---

3   Korff 2002b, S. 133–135.
4   Siehe den Beitrag von Detlev von Olk in diesem Band.
5   Auf der Grundlage einer zwischen der Stadt Ziesar, dem »Museum Bischofsresidenz Burg Ziesar« und der Universität Potsdam im April 2002 abgeschlossenen Kooperationsvereinbarung lag die Federführung

Ihre Diskussion führte unter Berücksichtigung des Forschungsstandes, der Quellenmaterialien[6] und nach Abstimmung mit weiteren beteiligten universitären und außeruniversitären Fachwissenschaftlern und Institutionen zum inhaltlichen Schwerpunkt der Ausstellung: »Bischof, Glaube und Herrschaft 800–1550«. Damit war, gerade mit Blick auf die Stellung des neuen Hauses in der Brandenburger und darüber hinausgehenden Museumslandschaft, das perspektivisch fundierte Leitthema gefunden.

»Burgseitig«

Die Ausstellung sollte als thematische Dauerausstellung konzipiert werden. Dieses Vorhaben umzusetzen hieß, in 21 Räumen über lange Wegstrecken stringent aufeinander bezogene thematisch-räumliche Einheiten zu organisieren, die eine inhaltlich nachvollziehbare Ordnung aufweisen. Jeder einzelne Raum war in seiner räumlich-architektonischen Spezifik zu definieren und zu thematisieren. Der damit einsetzende Annäherungsprozeß an die Bausubstanz blieb nicht ohne Folgen für die inhaltliche Konzeption der Ausstellungsthemen.[7] Eine breite Diskussion zwischen Archäologen, Bauforschern, Restauratoren, Historikern, Kunsthistorikern, Museologen, Architekten und Designern führte zum Konzept der zwei Themenwege: Der

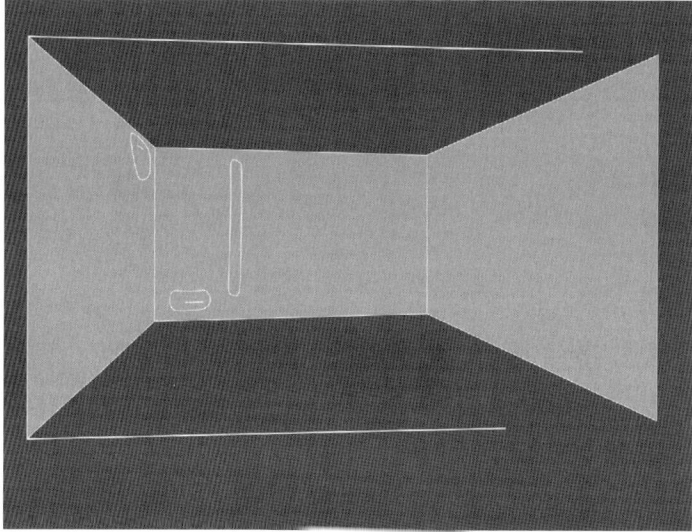

Prinzipskizze zu den burgseitigen Exponaten

eine Themenweg präsentiert auf der Grundlage eines verbindlich festgelegten Katalogs 73 burgseitige Exponate in der Ausstellung, die die Burg als museales Objekt und als Baudenkmal dokumentieren. »Burgseitig« meint also die Burg als Baudenkmal und die Vermittlung ihrer ausschließlich vor Ort (wieder)gefundenen baulichen Überreste.

---

des Projekts in der fachlichen Verantwortung von Prof. Dr. Heinz-Dieter Heimann und von Dr. Clemens Bergstedt, Kurator der Ausstellung. Sie richteten eine Arbeitsgruppe am Historischen Institut zur Erstellung des Ausstellungskonzepts ein, an der fachlich beteiligt waren: Dr. Lutz Partenheimer, Mario Müller M.A. und Peter Riedel.

6   Wissenschaftliche Erkenntnisse stellen die Ausgangsebene von Ausstellungsplanungen dar. Siehe STRÁNSKÝ 1981, S. 36.

7   Eine Ausstellung sei immer ein Kompromiß, formulierte pointiert SCHOBER 1994, S. 99f.

»Himmelwärts«

Was aber meint »himmelwärts«, wie weit reicht die Eigenständigkeit des zweiten Themenwegs? Die Thematik der Ausstellung »Bischof, Glaube und Herrschaft 800–1550« zielt auf die Bedeutung der Residenz Ziesar für die Bischöfe von Brandenburg und damit auf die notwendige Vermittlung der – im allgemeinen Geschichtsbild kaum mehr verankerten – selbständigen Stellung der Bischöfe als geistliche und weltliche Herrscher in der mittelalterlichen römischen Kirche und im Heiligen Römischen Reich. Dieser verfassungsrechtlichen Dimension, in der sich reichs-, landes- und kirchenpolitische Entwicklungen bezeichnenderweise überkreuzten, steht als weitere Dimension die Bedeutung des Christentums als Religion, die christlich geprägte Frömmigkeit und spirituelle Sinnsetzung im Alltag der Menschen zur Seite.

Daß Religion(en) und religiöse Lebensformen von Geistlichen wie Laien im Mittelalter in ihrer Weise heute herauszufordern vermögen, beschreibt einen weiten Erwartungshorizont, vor dem dieses Thema »ortsbezogen« in Ziesar aufzugreifen und angemessen sichtbar zu machen war. Mit Burgkapelle, Palas, Ostflügel und den darin erhalten gebliebenen Bildprogrammen sind einzigartige authentische Räume vorhanden, um diesen Themenbereich zu veranschaulichen. Im Zentrum steht dabei der sogenannte Jerusalemraum im Ostflügel mit

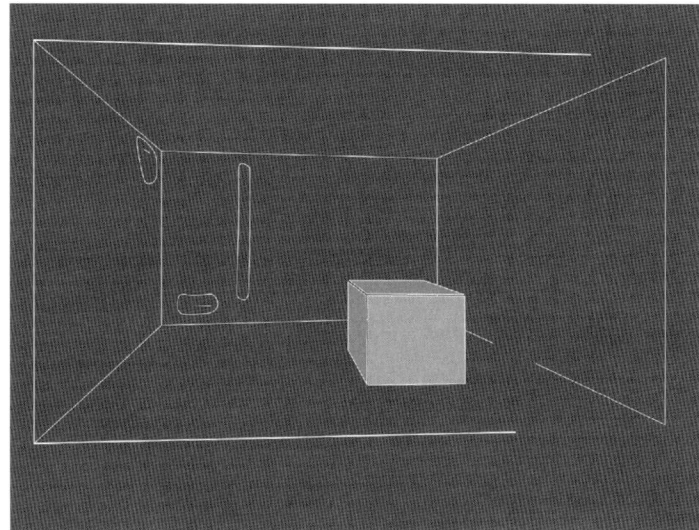

Prinzipskizze
zur Ausstellungs-
architektur

seinen außergewöhnlichen Wandmalereien, die Motive der heiligen Stätten in Palästina beinhalten. Da dieser Raum ursprünglich sakral genutzt wurde, kommt ihm in doppelter Weise eine exponierte Stellung im Gesamtkomplex der Burg zu. Deshalb bildet er nicht nur den Bezugs-, sondern vielmehr den maßgeblichen Mittelpunkt für die konzeptionell und inhaltlich verbundenen Aussagen in der Ausstellung.

Zwei Wege – ein Profil

Bezogen auf das Haus als bauliche Hülle der Ausstellung bestand die Aufgabe, beide Themenwege in jedem Raum in ein situationsgerechtes Gleichgewicht zu bringen, das heißt die historisch gewachsene Architektur zur Geltung kommen zu lassen und in ihr gleichberechtigt

Nordwand des sogenannten Jerusalemraumes mit Wandmalereien (Photomontage), Zustand 2003

ein Ausstellungsthema zu präsentieren. Ziesar als Museum unterscheidet sich in eben diesem Konzept von anderen Häusern und besitzt darin sein spezifisches Alleinstellungsmerkmal in der Museumslandschaft des Landes Brandenburgs.

Der Besucher kann somit auf seinem Rundgang zwei Themenstränge verfolgen, eigentlich sogar zwei Ausstellungen besichtigen. Zwar korrespondieren beide Themenwege miteinander, aber dennoch funktionieren sie unabhängig voneinander. Ein gedankliches Experiment soll das verdeutlichen: Der Themenweg »Bischof, Glaube und Herrschaft 800–1550« bzw. »himmelwärts« wurde in die Raumarchitektur der Burg implementiert, das heißt, er ist vorher nicht in der Burg vorhanden gewesen im Unterschied zum anderen Themenweg »Die Burg als Baudenkmal« bzw. »burgseitig«. Trotz aller gegenseitiger Bezüge ließe sich der Ausstellungsstrang »himmelwärts« theoretisch aus der Burg herausnehmen und an anderer Stelle zeigen. Weil sich aber die beiden Themenwege »burgseitig« und »himmelwärts« im Zentrum des Museums, im sogenannten Jerusalemraum, untrennbar und authentisch miteinander verbinden, ist diese Möglichkeit ausgeschlossen. Ohne den sogenannten Jerusalemraum mit seinen Wandmalereien fehlte dem Themenweg »himmelwärts« sein Zielpunkt, der Schlußstein der Ausstellung. Die burgseitigen Exponate, im konkreten Fall die Wandmalereien, werden also Gegenstand des Ausstellungsstranges »himmelwärts«.

Im sogenannten Jerusalemraum zeigt sich dem Besucher ein vielschichtiges Bildprogramm: Motive der heiligen Stätten bzw. der Heiligen Stadt, eine Maiestas-Domini-Darstellung und schließlich, über die gesamte Fläche verteilt, großgestaltige Heiligenfiguren. Alle diese Bildkunstwerke entstanden im 14. bzw. zu Beginn des 15. Jahrhunderts.[8] Für die Darstellung der heiligen Stätten gibt es kein vergleichbares Gegenstück in der Mark Brandenburg, und auch im weiteren nordostdeutschen Kulturraum sind derartige Bildwerke

---

8   Siehe den Beitrag von Wilfried Sitte in diesem Band.

Clemens Bergstedt und Heinz-Dieter Heimann

Maiestas-Domini-Darstellung
im sogenannten Jerusalemraum,
Zustand Ende 2003

selten, so daß diese kunsthistorische Rarität die Residenzburg auch in völlig neue historische Beziehungen stellt.

Die Malereien unterstreichen die qualitätvolle Ausgestaltung der Residenz durch die Bischöfe von Brandenburg, die auf diese Weise ihr religiöses Selbstverständnis repräsentativ und eindrucksvoll formulierten. Hinzu kommt, daß der betreffende Raum mit rund zweihundert Quadratmetern der größte der gesamten Burg ist und in seiner Ausdehnung – wenngleich im Decken- und Fußbodenniveau verändert – den mittelalterlichen Dimensionen sehr nahekommt. Durch die ausstellungstechnische und materielle Gestaltung findet der Besucher in diesem Raum den zentralen Ort der Ausstellung, der ganz auf sinnliche Wahrnehmung ausgerichtet ist.[9]

Diese Bildprogramme zugänglich und letztlich verständlich zu machen, ist Grundanliegen der Ausstellung. Gleichsam von der Darstellung der Himmlischen Stadt ausgehend, wurden die Themenwege mit entsprechenden Ausstellungsobjekten und -texten inszeniert und – mit der Imagination des Paradieses als Heiliger Stadt vor Augen – der Leitgedanke für die thematische Ausstellung gefunden. Die Konzeption vom authentischen Objekt aus führte so fast zwingend zum Haupttitel der Ausstellung für die Bischofsresidenz Burg Ziesar: »Wege in die Himmelsstadt«.

---

9   Zum gestalterischen Umgang mit der Architektur des Jerusalemraums siehe den Beitrag von Detlef Saalfeld in diesem Band.

Das Unsichtbare sichtbar machen

Detlef Saalfeld

Die Ausstellung »Wege in die Himmelsstadt« präsentiert sich in einem Baudenkmal und basiert somit auf zwei Ausstellungssträngen: einem musealen und einem thematischen Strang. Der museale Teil, in der Ausstellungskonzeption als »burgseitig« beschrieben, befaßt sich mit der Burg Ziesar als Baudenkmal und ihrer Funktion als bischöflicher Residenz; der thematische Teil, im Konzept als »himmelwärts« bezeichnet, mit der Bedeutung der Burg im Zusammenhang mit der Christianisierung Brandenburgs, mit den Bischöfen von Brandenburg und der Bedeutung der christlichen Religion in der mittelalterlichen Gesellschaft.[1]

Erscheint im ersten Eindruck der museale Teil als derjenige, der die rational-analytische Seite des Betrachters anspricht und der Themenbereich das Intuitiv-Bildhafte, geschieht bei näherer Betrachtung tatsächlich das Gegenteil. Um aufgrund der erhaltenen Fragmente und Spuren die historischen Baustrukturen und Wandmalereien sowie die ehemalige Nutzung der Räume zu erfassen, ist vor allem das Vorstellungsvermögen gefordert, während die Informationen der Themenausstellung zunächst hauptsächlich das lineare Denken ansprechen.

Die Herausforderung für den Gestalter besteht hier vor allem darin, eine Synchronisierung und Ausgewogenheit beider Anteile auch innerhalb der Ausstellungsstränge herauszuarbeiten. Nur so läßt sich ein lebendiger Gesamteindruck erreichen, der die Aufmerksamkeit des Betrachters wachhält. Das heißt in bezug auf den musealen (burgseitigen) Ausstellungsstrang zum einen, die historisch gewachsenen Raum- und Baustrukturen, die in entscheidendem Maße die Ausstellungsräume bestimmen, zu respektieren, für den Besucher lesbar zu machen und sie zugleich als atmosphärischen Rahmen für die Themenausstellung zu nutzen. Zum andern muß es die Gestaltung leisten, die bauseitigen Exponate so zu präsentieren, daß sie nicht bloß fragmentarisch wahrgenommen, sondern auch in ihren unterschiedlichen Raum-, Zeit- und Bedeutungsebenen transparent werden. Für den Themenbereich, der sich mit Kirchengeschichte befaßt, bedeutet es, daß hinter der Linearität und der kritisch-analytischen Auseinandersetzung die Darstellung des Motivs bzw. der Idee für die Kirche (christlicher Glaube, Kirche als »innerer« Ort der Besinnung) nicht verloren gehen darf und sich in den gestalterischen Lösungen widerspiegeln muß. Dieser »innere« Ort findet sein physisches Pendant im sogenannten Jerusalemraum.

Für eine Synchronisierung der beiden Ausstellungsstränge, die im ersten Abschnitt der Ausstellungsbegehung parallel nebeneinander verlaufen (die baulichen Befunde stehen hier in keinem erkennbaren Zusammenhang zum Thema der Ausstellung), ist der Jerusalemraum von zentraler Bedeutung. Hier verbinden sich die beiden Ausstellungsstränge. Die Motive der Wandmalereien lassen Darstellungen des »Himmlischen Jerusalem« erkennen und legen somit eine historische Nutzung als sakralen Raum nahe. Dem nachzuspüren verlangte eine besondere gestalterische Behandlung im Gesamtkontext der Ausstellung.

Die Raumwirkung, die sich allein schon aus seiner Größe von fast zweihundert Quadratmetern und der Tiefe durch drei abfallende Bodenniveaus ergibt, galt es zu verstärken: Durch ein abstrahiertes Trichterportal, das die traditionelle Eingangssituation kirchlicher Bauten

---

1   Siehe den Beitrag von Clemens Bergstedt und Heinz-Dieter Heimann in diesem Band.

Entwurf des Trichterportals

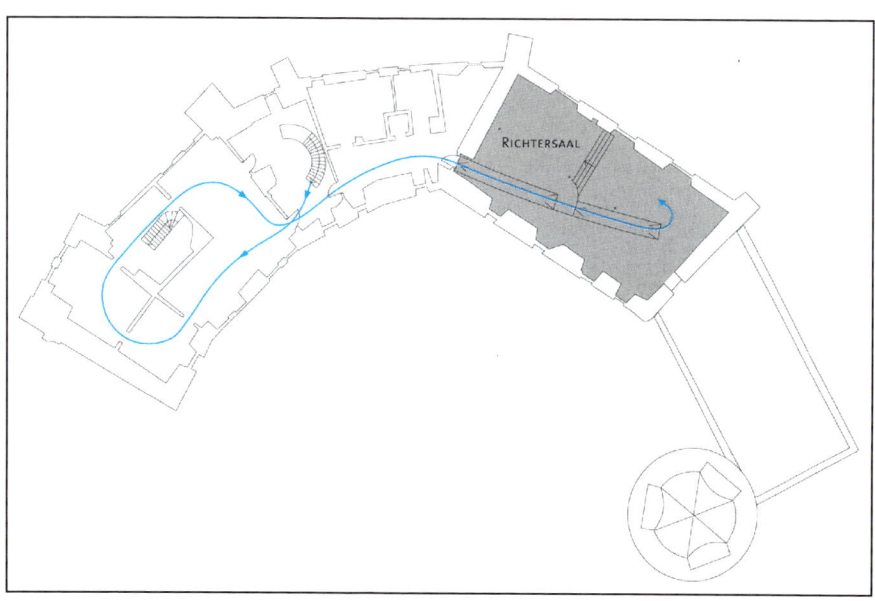

Lage des sogenannten Jerusalemraums im 1. Obergeschoß (Grundriß)

Das Unsichtbare sichtbar machen

zitiert, betritt der Besucher den Raum und durchschreitet auf einer gebogenen Rampe die gesamte Raumdiagonale, deren Endpunkt und Ziel sich, ähnlich der Idee alter Labyrinthe, durch die Krümmung mit jedem Schritt entziehen.

Das Motiv des »Weges« in Form einer gebogenen Rampe, die die unterschiedlichen Ebenen des Raumes überbrückt, schien das beste Mittel zu sein, eine Begegnung mit dem Raum zu realisieren, ohne architektonische Raumbezüge über Parallelität oder Achsenverläufe zu schaffen.

Entwurf des sogenannten Jerusalemraums

Apostelfigur an der Nordwand des sogenannten Jerusalemraums, Zustand Ende 2003

Detlef Saalfeld

Der Besucher hat die Anfänge der Christianisierung, die Missionswege und die Kreuzzüge hinter sich gelassen und steigt hinab in die Tiefe des Raumes. Selbst das Ziel der »Wege« löst sich in Schemen auf und entzieht sich in seiner Materialität und Verbildlichung. Er bleibt mit der Präsenz von etwas zunächst nicht Sichtbarem, aber dennoch Spürbarem konfrontiert – das letztlich in jedem sakralen Raum jeder Konfession erfahren werden kann (wie beispielsweise auch in der Burgkapelle).

Alle Gestaltung im Jerusalemraum konzentriert sich auf die Hervorhebung der Wände als einzig historisch Authentischem in diesem Raum und damit auf die Wandmalereien als Ausdruck des Ziels christlichen Glaubens: der Ankunft in Jerusalem. So sind Decke und Boden mit deutlichem Abstand von der historischen Substanz schwebend bzw. schwimmend installiert und kontrastierend, aber gleichermaßen zurückgenommen, dunkel-anthrazit gefärbt, umlaufende Lichtbänder in Decke und Boden befluten indirekt die Wände. Die neuen Installationen bleiben dadurch als solche erkennbar und verstärken noch die Präsenz des historischen Raumes.

Trotz dieser gestalterischen Mittel entziehen sich die dargestellten christlichen Motive (beispielsweise die Darstellung der Maiestas-Domini und der Apostel sowie der Weg in die Heilige Stadt) aufgrund ihres Erhaltungszustandes dem ungeübten Blick des Betrachters.

So wie sich das Numinose dem profanen Blick entzieht und sich nur in der Kontemplation erschließt, so bedarf dieser Raum einer vertieften Imaginationskraft sowie der Bereitschaft des Besuchers, sich auf »das Unsichtbare« einzulassen und sich die Bild- und Raumqualität kontemplativ selbst zu erschließen.

Auf eine »klassische« Musealisierung wird hier bewußt verzichtet: Erklärungen, Exponate, Abbildungen oder Texte werden in den profanen Bereich außerhalb des sakralen Raumes verbannt, um jegliche konkurrierende Wahrnehmung zu vermeiden. Um den Aspekt des kontemplativen Erschließens der Raumqualität zu unterstützen und die Ausrichtung der Wahrnehmung auf signifikante Szenen der Wandmalereien zu lenken, wirkt die Dramaturgie der eigens für diesen Raum komponierten Licht-Klang-Installation – »inszenierte Stille«.[2]

Der Komponist Robin Minard beschreibt es folgendermaßen: »Stille wird dabei nicht als Abwesenheit von Tönen und Geräuschen verstanden. Die Klänge sind so konzipiert, daß sie die Stille des Raumes leicht färben und eine ruhige Atmosphäre schaffen – changierend zwischen bewußter und unbewußter Wahrnehmung. Gemeint ist eine nichterzählende Musik, deren Inhalt auf die Raumwahrnehmung konzentriert ist und kein Zuhören im herkömmlichen Sinne verlangt – als Rahmen für Phänomene, die eine Begegnung mit dem Besucher ermöglichen.«

---

2   Für die Entwicklung des Ausstellungsdesigns war die Fachhochschule Potsdam, Fachbereich Design, verantwortlich. An der Ausstellungsgestaltung arbeiteten unter Leitung von Prof. Detlef Saalfeld: Cordula Gebauer, René Gesch, Katrin Glinka, Michael Hannig und Martina Steude. Klanginstallation: Robin Minard.

Sponsoren

Damit Vergangenheit Zukunft hat

Auf wenige Förderprojekte der Deutschen Stiftung Denkmalschutz scheint ihr Motto so gut zu passen wie auf die Burganlage von Ziesar: Denn welch eine Vergangenheit und welch eine Zukunft treffen sich hier! Einst die bedeutendste Residenz der Bischöfe von Brandenburg, stand Ziesar lange Zeit im Mittelpunkt des politischen Geschehens. Nach jahrhundertelangem Dornröschenschlaf, aus dem ein Erwachen kaum noch zu erhoffen war, entwickelt sich Ziesar nun wieder zu einem Mittelpunkt, diesmal einem kulturellen. Gerade der Wiederbelebung der scheinbar vergessenen Denkmale unserer Geschichte, der Rettung der Bauten, die unsere Landschaften prägen und den Menschen in den Regionen Identifikation und Heimat bedeuten, hat sich die Deutsche Stiftung Denkmalschutz verschrieben.

Daß eine bedeutende Anlage wie die Burg Ziesar mit ihren weithin sichtbaren Türmen, den eindrucksvollen Befestigungsmauern und der kostbaren Burgkapelle wieder in das Bewußtsein der Menschen gerückt werden konnte, ist eine große Ermutigung. Der Einsatz aller Beteiligten vor Ort und im Land Brandenburg, der Gemeinde und privater Initiativen, der Bürger und der Verwaltung, der Handwerker und Denkmalpfleger und der vielen interessierten Besucher bereits zu den Bauzeiten verdient großen Respekt.

Die Deutsche Stiftung Denkmalschutz hat dazu als private Stiftung, dank ihrer mehr als 150 000 privaten Förderer und der Lotterie GlücksSpirale, in den letzten Jahren einen wichtigen Beitrag leisten können. Die Stiftung ist bemüht, mit ihrer Förderung gerade dort Hilfestellung zu geben, wo ohne diese Hilfe ein Denkmal verlorenginge. Sie kann und will die öffentliche Hand dabei nicht entlasten, sondern sie im Gegenteil immer wieder in die Pflicht nehmen. Dafür ist Ziesar ein gutes Beispiel, denn hier haben viele ihren Beitrag geleistet. Es sind gerade diese Beispiele, die Mut machen und die zu weiterer gemeinsamer Anstrengung anspornen. Denn es ist noch viel zu tun, damit die reiche Denkmallandschaft in Deutschland erhalten bleibt. Einen wichtigen Beitrag wird dazu auch das neue Museum in Ziesar leisten, denn nur wer um die reiche Tradition weiß, wird sich für deren Erhalt auch begeistern lassen und einsetzen.

Daher gilt der Aufruf der Deutschen Stiftung Denkmalschutz weiterhin: Rette mit – wer kann!

Deutsche Stiftung Denkmalschutz
Koblenzer Straße 75
53177 Bonn

Tel. 0228/95 738-0, Fax 0228/95 738-23
www.denkmalschutz.de
Spendenkonto 30 55555
Commerzbank Bonn, BLZ 380 400 07

Stiftung Preußisches Kulturerbe

Potsdam, Breite Brücke, Garnisonkirche und Stadt-schloß, Gemälde von Eduard Gärtner von 1840

»So ich nun baue Stadt und Land und mache nicht Christen, ist alles nichts nütze«, hieß das Regierungsmotto des preußischen Königs Friedrich Wilhelm I. (1712–40). Der höchste Verantwortungsträger im Staate fühlte sich als »Amtmann Gottes auf Erden« in der Pflicht, den Willen seines Herrn zu erfüllen. Rastlos war er so tätig, seinen Staat aufzubauen, die Wirtschaft zu entwickeln, eine unbestechliche Beamtenschaft zu formen, die Mission im Land zu fördern, dem Recht Geltung zu verschaffen und sein Volk nach außen zu schützen, ohne jemals Krieg zu führen. Über allem stand immer, Gott verlange von ihm, so zu handeln. Friedrich Wilhelm I. gab dadurch ein Beispiel, daß dieser Glaube Macht begrenzt und Staatslenkung aus »Pflicht- und Verantwortungsbewußtsein für das Gemeinwesen« Wohlstand im Staate entstehen läßt.

Die Stiftung möchte in Übereinstimmung mit diesen Überzeugungen dazu beitragen, diese positiven und zeitlos gültigen Erfahrungen unserer Geschichte zu bewahren. Sie brachten Toleranz, Rechtsstaatlichkeit, demokratischen Umgang miteinander und sozialen Ausgleich hervor. In historischer Kontinuität hierzu sind sie im Grundgesetz der Bundesrepublik Deutschland manifestiert.

Die Stiftung soll darüber hinaus dieses Gedankengut im Bewußtsein unserer heutigen Gesellschaft für ein gedeihendes Gemeinwesen verdeutlichen oder gegebenenfalls implementieren. Dies zum Nutzen sowohl unseres wiedervereinigten Vaterlandes als auch der europäischen Idee. Besonderes Anliegen der Stiftung sind die Förderung christlicher Gesinnung und zum äußeren Zeichen die Wiederherstellung und Erhaltung von Kirchen, Denkmälern und Kulturwerten.

Die Stiftung soll Initialwirkung haben für umfangreiche Zustiftungen, Spenden und sonstige Zuwendungen.

Spenden richten Sie bitte an:
    Empfänger: Stiftung Preußisches Kulturerbe
    Bank: Berliner Effektenbank
    Kontonummer: 11 230 000
    BLZ: 101 106 00
    Verwendungszweck: Zustiftung Stiftung Preußisches Kulturerbe

Verantwortlich: Max Klaar, OTL a.D., Stiftungsrat

Familienverband von Stechow

Seit langer Zeit ist unsere Familie durch ihren Vorfahren, den Brandenburger Bischof
Dietrich von Stechow (1459–72), mit Ziesar
verbunden; gerne haben wir uns deshalb
für das vorliegende Buch mit eingesetzt.
Dies um so mehr, als damit erneut Anstoß
gegeben wird, die Geschichte Ziesars und
das Wirken von Bischof Dietrich III. von
Brandenburg, Ratgeber von Kurfürst Friedrich II., zu erforschen; sei es als Bauherr der
Burgkapelle in Ziesar, sei es als strenger Hirte
seiner Diözese.

Es wird noch viel Forschungsarbeit nötig
sein, bis wir alles erfahren, was wir gerne
über Ziesar wissen möchten. Aber mit jeder
neuen Entdeckung gewinnt dieser historische Ort an Besonderem und Sehenswertem
hinzu.

Familienwappen aus der Burgkapelle

Lions-Club Potsdam-Sanssouci

Die Idee der Lions-Clubs stammt aus Amerika. In Deutschland gibt es seit fünfzig Jahren Lions-Clubs mit heute 38 970 Mitgliedern in 1164 Clubs. Politisch und weltanschaulich neutral engagieren sich aktive und kreative Damen und Herren jeglichen Alters und aus allen Berufsgruppen in Lions durch

- aktiven Einsatz für eine bürgerliche, kulturelle, soziale Gemeinschaft (Devise: we serve)
- persönliche Beiträge zur Völkerverständigung im Rahmen grenzüberschreitender Kontakte
- Unterstützung des Mitmenschen in seelischer und materieller Not, insbesondere bei Kindern und älteren Mitbürgern.

Lions helfen am Ort und in der Region, wo das soziale Netz ein Loch hat. Sie leisten viel ehrenamtliche Hilfe.

Der Lions-Club Potsdam-Sanssouci wurde 1992 gegründet. Bei seinen Aktivitäten konzentriert sich der Lions-Club Potsdam-Sanssouci bewußt auf den Raum Potsdam und Potsdam-Mittelmark. Er hat sich der Unterstützung von Maßnahmen der Bildung, des Denkmalschutzes, der Völkerverständigung und sozialen Hilfe verschrieben. Schwerpunkte sind soziale Projekte für Kinder und Behinderte. Diese Projekte werden durch die gemeinnützige Fördergesellschaft des Lions-Club Potsdam-Sanssouci realisiert. Die finanziellen Mittel werben die Mitglieder ein, mit eigenen Geld- und Sachspenden, durch Organisation von Wohltätigkeitskonzerten und durch aktive Teilnahme am Weihnachtsmarkt in Potsdam.

Die Unterstützung der Baumonographie über die Burg Ziesar dient der Bildung und dem Denkmalschutz zugleich, weil gerade über diese Darstellung das Bewußtsein über die Geschichte des Landes und die Notwendigkeit der Erhaltung wichtiger Bauten in der Bevölkerung gestärkt wird.

Kulturland Brandenburg e.V.

DER
HIMMEL
AUF
ERDEN

1000 JAHRE CHRISTENTUM
Kulturland Brandenburg 2005

Alljährlich organisiert Kulturland Brandenburg e.V. in Kooperation mit unterschiedlichen Partnern Themenjahre, die Bewohner und Besucher der Region gleichermaßen dazu einladen, das kulturelle Erbe und die kulturelle Vielfalt des Landes neu zu entdecken.

Themenjahre der Vergangenheit waren: »Fontane / Die Zisterzensier in Brandenburg« (1998), »Brandenburg und das Haus Oranien« (1999), »Stationen der Industriekultur«(2000), »300 Jahre Preußen« (2001), »Romantik« (2002), »Europa ist hier!« (2003) sowie »Landschaft und Gärten« (2004).

Mit zahlreichen Ausstellungen, Kunstprojekten, Theater- und Musikveranstaltungen, aber auch literarischen und wissenschaftlichen Kolloquien und Workshops ist es gelungen, die jeweiligen Jahresthemen auf vielfältige Weise darzustellen und seit 1998 mehr als ein Million Besucher anzulocken.

Brandenburg setzt auf Dezentralität: Zu den Kulturland-Jahresthemen entstehen kulturelle Projekte unterschiedlicher Größe und Sparten in allen Teilen des Landes, werden neue Museen oder Dauerausstellungen initiiert und die kulturelle Infrastruktur des Landes sowie insbesondere Kooperationen und interdisziplinäre Ansätze aktiv gestärkt.

Das Themenjahr 2005 unter dem Titel »Der Himmel auf Erden – 1000 Jahre Christentum in Brandenburg« setzt diese erfolgreiche dezentrale Kulturförderung fort. Es widmet sich dem Prozeß der Christianisierung in Brandenburg sowie den Veränderungen der christlichen Religion über die Jahrhunderte vom Mittelalter bis zur Gegenwart. Im Mittelpunkt stehen die architektonischen Zeugnisse der Christianisierung in Verbindung mit Ereignissen, die zur Weiterentwicklung und Veränderung des Christentums in diesem Land beigetragen haben. Nicht nur die Gotteshäuser – von der schlichten Dorfkirche bis zu den mächtigen Backsteindomen in den brandenburgischen Städten – vermitteln ein eindrucksvolles Bild christlicher Kultur und ihrer Bedeutung, sondern auch Klosteranlagen und diakonische Einrichtungen wie Hospize oder Krankenhäuser. Viele dieser historischen Anlagen konnten in den vergangenen fünfzehn Jahren saniert und zu neuem Leben erweckt werden und sind inzwischen wichtige kulturelle Zentren ihrer Region. Diese baulichen Zeugen beweisen zugleich, wie stark die Landschaft Brandenburgs durch das Christentum geprägt wurde. Sie sind wichtige Orte der Kirchengeschichte, an denen die Ausbreitung des Christentums in Europa, die Durchsetzung der Reformation sowie das Spannungsfeld von Kirche, Staat und Gesellschaft in einer zunehmend der Kirche fern stehenden Welt anschaulich vermittelt werden können.

Ein besonderer Höhepunkt des Kulturland-Jahres 2005 ist die Wiedergewinnung der Burganlage Ziesar als bauliche Anlage wie in ihrer Bedeutung als einstiger Bischofssitz von europäischer Dimension. Diese spiegelt auf ganz besondere Weise die Ziele der Kulturland-Initiative: Hier erhält nicht nur ein in Brandenburg einzigartiges Baudenkmal seinen alten Glanz zurück. Als Andachtsort für die katholische Gemeinde bleibt er der Religionsausübung verbunden und wird zugleich als lebendiges Museum zahlreiche neue Besucher anziehen. Die Burg Ziesar steht für die Wiederbelebung eines in der Vergangenheit bedeutenden kulturellen Ortes in Brandenburg, dessen Zukunft sich in der Vernetzung mit anderen kulturellen Einrichtungen des Landes gestalten wird. Kulturland Brandenburg 2005 mit dem Thema »Der Himmel auf Erden« kann die Plattform bieten, auf der neue Allianzen gebildet und Netzwerke geknüpft werden; gefördert mit Mitteln der Bundesregierung, Beauftragte für Kultur und Medien sowie durch das Ministerium für Wissenschaft, Forschung und Kultur des Landes Brandenburg; mit freundlicher Unterstützung der brandenburgischen Sparkassen gemeinsam mit der Ostdeutschen Sparkassenstiftung im Land Brandenburg.

Anhang

Zeittafel zur Bau- und Nutzungsgeschichte

948 (965)	Erste urkundliche Erwähnung Ziesars.
2. H. 12. Jh.	Baubeginn der bischöflichen Burganlage.
1214	Erster nachweisbarer Aufenthalt eines Bischofs von Brandenburg in Ziesar.
Mitte 14. Jh.	Ziesar wird Residenz der Bischöfe von Brandenburg.
1460/70	Repräsentativer Umbau der Burg unter Bischof Dietrich von Stechow.
1470	Weihe der Burgkapelle durch Bischof Dietrich von Stechow.
nach 1528	Eine Wachstube, die sogenannte Bischofsmütze, wird auf dem Bergfried errichtet.
1570–1819	Die Burg ist Sitz des kurfürstlich-brandenburgischen Amtes Ziesar.
Ende 17. Jh.	Die Burgkapelle dient Calvinisten als Gotteshaus.
1726–28	Die Wohngebäude werden in drei einheitliche, heute noch vorhandene Geschoßhöhen unterteilt.
1740–45	Abbruch der Vorburg und Umbau der stadtseitigen Burgfassade.
1. Viertel 19. Jh.	Die Calvinisten verlassen die Burgkapelle, die anschließend als Lagerraum genutzt wird.
1820–1945	Die Burg Ziesar befindet sich in Privatbesitz.
1952	Die Burgkapelle dient der neuen katholischen Gemeinde Ziesars als Gotteshaus.
1945–55	Die Burg wird verstaatlicht und dient als Unterkunft für Flüchtlinge.
1955–93	Wohn- und Wirtschaftsgebäude der Burg beherbergen ein Schulinternat.
1995	Beginn der restauratorischen und denkmalpflegerischen Arbeiten.
2005	Eröffnung der Bischofsresidenz Burg Ziesar als Museum.

Glossar

Abwalmung Dachform, bei der die Dachflächen nicht nur an den Längsseiten des Gebäudes, sondern auch an dessen Giebeln heruntergeführt (abgewalmt) werden.

Aqua-Sporka-Retusche Retuscheform, die lasierend mit einer pigmentierten Flüssigkeit die Fehlstellen, z.B. in Wandmalereien, an das Original angleicht.

Bergfried Hauptturm einer Burg, der zu Wehrzwecken häufig mit starken Mauern errichtet wurde.

Bestreichen Mit Feuerwaffen ein bestimmtes Schußfeld beschießen.

Blendfassade Dekorative Fassade, die einem schlichten oder unbefriedigend proportionierten Bauwerk vorgelagert (vorgeblendet) ist.

Bündelpfeiler Pfeiler, der rundum mit Diensten besetzt ist.

Burgkapelle Meist in den Ausmaßen kleiner Andachtsraum innerhalb einer Burganlage, der ein freistehender bzw. selbständig geschlossener Sakralraum oder Teil eines anderweitig genutzten Raumes sein kann.

Dienst Vor eine Wand oder einen Pfeiler vorgelagerte bzw. mit eingebundene Säule, die Bögen oder Rippen eines Gewölbes trägt.

Domäne Landwirtschaftlich und / oder forstwirtschaftlich genutztes Gut im Besitz des Landesherrn bzw. Staates, dessen Erträge einen Teil der landesherrlichen/staatlichen Einkünfte erbringen.

Empore In der mittelalterlichen Kirchenbaukunst ist damit eine häufig in den Seitenschiffen ausgeführte und erhöhte Galerie gemeint, die bestimmten Personengruppen wie Nonnen, privilegierten Herrschaften oder bestimmten Zwecken wie zur Unterbringung der Orgel vorbehalten war.

Fiener Bruch Ein großes Niederungsgebiet nahe Ziesar, welches im Warthestadium der Saale-Eiszeit vor etwa 200000 bis 300000 Jahren entstand.

Gewände Wandfläche, die bei Einlassungen von Fenstern oder Portalen entsteht. Das Gewände war in mittelalterlichen Sakral- und Profanbauten häufig aufwendig verziert oder mit Figuren ausgeschmückt.

Grabtumba Quaderförmig aufgemauertes Grab, das die Grabplatte des Toten trägt.

Grünmonochrom Grüne Wandmalerei, in die mit schwarzen und weißen Linien verschiedene Motive einmodelliert werden.

Gurtgesims Aus der Mauer waagerecht hervortretendes Bauelement, das die einzelnen Geschosse des Gebäudes betont.

Höhenburg Burganlage, die sich auf einem Hügel oder Berg befindet.

Inkarnat In der Malerei bezeichnet Inkarnat den Farbton der Haut.

Itinerar Verzeichnis der Aufenthaltsorte und Reiserouten einer Person oder Personengruppe. In der Geschichtswissenschaft werden überwiegend die Angaben zu Ort und Datum in Urkunden oder Korrespondenzen zur Erstellung des Itinerars von Personen verwendet.

Joch Gewölbeabschnitte oder Teile eines Raumes, die durch die Bauelemente Gurt oder Stütze von den benachbarten Gewölbeabschnitten oder Raumteilen abgegrenzt werden.

Kapitalis Altrömische Monumentalschrift, häufig an Bauwerken angebracht.

Kapitell Vermittelndes Bauteil von Säulen, Pfeilern oder Pilastern, an dem Stütze und Last aufeinandertreffen. Kapitelle waren ein bevorzugtes Element der künstlerischen Gestaltung innerhalb eines Bauwerkes.

Kernburg Hauptteil einer Burganlage mit den angrenzenden Gebäuden des Innenhofes und dem Bergfried. Der Begriff wird in Abgrenzung zu anderen Bauteilen einer Burganlage wie der Vorburg benutzt.

Konsole Aus der Wand hervortretendes Bauteil, das Balkone, Figuren, Dienste usw. trägt. Die Konsole wurde in der mittelalterlichen Architektur häufig aufwendig künstlerisch gestaltet.

Krüppelwalmdach Dachform, bei der nur der untere oder obere Teil des Giebels durch Dachflächen ersetzt wird.

Maiestas Domini Darstellung des thronenden Gottessohnes Jesus Christus als Weltenrichter. Die in Ziesar ausgeführte Maiestas Domini, die Jesus in der Mandorla und umgeben von den vier Evangelisten zeigt, war eine vielfach gebrauchte Darstellungsform.

Majuskel Gleichhohe (Groß-)Buchstaben.

Mandorla Mandelförmiger Heiligenschein, der göttliche Personen vollständig umgibt.

Melioration Maßnahmen zur Bodenverbesserung landwirtschaftlich genutzter Flächen, z.B. die Anlage von Bewässerungsgräben oder das Trockenlegen von Sumpfwiesen.

Mennige Orangerotes Farbmittel aus Bleioxid.

Maßwerkfries Schmaler Streifen aus ornamentalen, häufig geometrischen Grundformen, der einer geschlossenen Wand vorgeblendet ist und deren Gliederung unterstützt.

Minuskel Schriftart, die nicht aus gleichhohen Buchstaben besteht, sondern Ober- und Unterlängen aufweist. Im Unterschied zur Majuskel kann die Minuskel Kleinbuchstaben darstellen.

Palas Hauptgebäude einer Burg innerhalb der Kernburg; häufig sind Innenräume und Fassaden dekorativ und von den anderen Burggebäuden abgehoben gestaltet. Im Palas befand sich auf jeden Fall der repräsentativ ausgestaltete Speisesaal, aber auch Wohn-, Schlaf- und Wirtschaftsräume konnten dort untergebracht sein.

polychrom vielfarbig

Raseneisenstein Ein durch Eisenausfällung gebundenes Sediment, welches in feuchten Niederungen vorkommt und als Baumaterial abgebaut wurde.

Sakramentsnische Nische in der Nähe des Altars, in der die geweihte Hostie aufbewahrt wurde.

Scheidbogen (Trenn-)Bogen zwischen Haupt- und Seitenschiff bzw. zwischen zwei Seitenschiffen einer Kirche.

Schlußstein Stein, der im Scheitel eines Gewölbebogens oder im Knotenpunkt von Gewölberippen sitzt. Der Schlußstein ist häufig ornamental oder figürlich gestaltet.

Stipes Teil des christlichen Altars, der die Altarplatte (Mensa) trägt.

Strahlenkranzmadonna Madonnen-Darstellung, die von einem Strahlenkranz umgeben ist.

Stufenportal Portalform, bei dem die Gewände stufenartig angeordnet sind.

Terminei Niederlassung von Bettelmönchen – z.B. Franziskaner und Dominikaner – in einem Ort, an dem der Orden über kein Kloster verfügte. Die Terminei diente als Unterkunft, Verwaltungs- und Wirtschaftseinheit der Mönche; von hier aus betrieben sie Bettel und Seelsorge.

Tonnengewölbe Gewölbeform, die im Querschnitt einen Halbkreis beschreibt. Im Unterschied zum Kreuzrippengewölbe ruht die Last des viel gewichtigeren Tonnengewölbes an den Ecken und auf beiden Widerlagerseiten.

Tratteggiomanier Retuscheform, in der eine Vielzahl von feinen farbigen kurzen Strichen nebeneinandergesetzt werden, um Fehlstellen in Malereien zu schließen.

Traufe Unterkante eines schrägen Daches.

Welsche Haube Zwiebelförmige Dachform mit konkavem Grundriß von Türmen, häufig mit weiteren geschweiften Aufbauten.

Wendelstein Treppenturm mit Wendeltreppe im Inneren.

Wurzel Jesse Jesse ist nach dem Alten Testament der Vater Davids. In der Kunst wird der Stammbaum Jesu Christi, dessen Wurzeln auf Jesse ruhen, als Wurzel Jesse bezeichnet.

Zwickelfeld Dreieckige, auf der Spitze stehende Fläche zwischen zwei auseinanderlaufenden Bögen oder zwischen Bogen und rechtwinkliger Einfassung.

Quellen- und Literaturverzeichnis

BERGSTEDT, Clemens: Der Ziesaraner Fürstentag des Jahres 1215, in: Jahresbericht des Historischen Vereins Brandenburg (Havel) 12 (2003), S. 46–69.

BORSDORF, Ulrich und GRÜTTER, Heinrich Th. (Hg.): Orte der Erinnerung: Denkmal, Gedenkstätte, Museum, Frankfurt a.M. 1999.

BRUMME, Jutta: Belzig. Sanierungsmaßnahmen am Torhaus der Burg Eisenhardt, in: Brandenburgische Denkmalpflege 6 (1997), Heft 1, S. 74–78.

BULACH, Doris: Historisches Inventar der Stadt Ziesar, unveröffentl. (Humboldt-Universität zu Berlin), Berlin 1999.

BUSKE, Norbert: Wege zum Glauben. Religion im Spiegel mittelalterlicher Bilder, in: Dialog des Geistes. Geist und Religion im Mittelalter. Katalog zur Ausstellung in St. Jacobi zu Greifswald (= Wege zur Backsteingotik, Bd. 5), Bonn 2002, S. 33–63.

DEHIO, Georg: Handbuch der Deutschen Kunstdenkmäler. Brandenburg, bearb. von Gerhard Vinken u.a., Berlin 2000, S. 1163–1168.

DENKMALPFLEGE im Land Brandenburg 1990–2000. Bericht des Brandenburgischen Landesamtes für Denkmalpflege und Archäologisches Landesmuseum, 2 Bde. (= Forschungen und Beiträge zur Denkmalpflege im Land Brandenburg, Bd. 5/1 und 5/2), Worms 2001.

DOMBROWSKI, Ivonne: Die mittelalterlichen Wandmalereien im Obergeschoß des sog. Alten Richterhauses der Burg Ziesar/Land Brandenburg. Erarbeitung eines Konservierungs- und Restaurierungskonzeptes, unveröffentl. Diplomarbeit (FH), Potsdam 2002.

DRACHENBERG, Thomas; LANGER, Thomas und OLK, Detlev von: Burgen im Fläming: Ziesar, Eisenhardt in Belzig und Rabenstein – Bewahrung der Bau- und Bodenbefunde, behutsame Sanierung und neue Nutzung, in: Denkmalpflege im Land Brandenburg 1990–2000. Bericht des Brandenburgischen Landesamtes für Denkmalpflege und Archäologischen Landesmuseums, Bd. 2 (= Forschungen und Beiträge zur Denkmalpflege im Land Brandenburg, Bd. 5.2), Worms 2001, S. 768–771.

FINDEISEN, Peter: Zur Ausmalung der Schloßkapelle in Ziesar und der Ernstkapelle im Magdeburger Dom, in: Wissenschaftliche Zeitschrift der Martin-Luther-Universität Halle, Geisteswissenschaftliche Reihe 41 (1992), S. 41–47.

GREENBLATT, Stephen: Resonanz und Staunen, in: Ders.: Schmutzige Riten. Betrachtungen zwischen Weltbildern, Frankfurt a.M. 1995, S. 7–29.

HEIMANN, Heinz-Dieter: Brandenburgische Zisterzienserklöster als »Erinnerungsorte« heute – Bemerkungen und Perspektiven zum Umgang mit nicht nur mittelalterlicher Kloster-, Ordens- und Kirchengeschichte, in: Das geistliche Erbe, hg. v. Angelika Lozar (=Studien zur Geschichte, Kunst und Kultur der Zisterzienser, Bd. 16), Berlin 2003, S. 109–126.

HEIMANN, Heinz-Dieter; NEITMANN, Klaus; SCHICH, Winfried u.a.: Brandenburgisches Klosterbuch. Handbuch der Klöster und Stifte in den historischen Landschaften Brandenburgs bis zur Reformation, Berlin 2005, in Vorbereitung.

HEINEMANN, Otto von (Hg.): Codex diplomaticus Anhaltinus, Bd. 2, Dessau 1875 (ND Osnabrück 1986).

HERBIG, Bärbel; PRESCHER, Amy und WOLF, Markus: Das ehemalige Zisterzienserinnenkloster in Ziesar – Bauaufnahme und Untersuchung, unveröffentl. Diplomarbeit (Friedrich-Otto-Universität Bamberg), Bamberg 1992.

HERMANN, Joachim und DONAT, Peter (Hg.): Corpus archäologischer Quellen zur Frühgeschichte auf dem Gebiet der Deutschen Denokratischen Rebublik (7. bis 12. Jahrhundert),

3. Lieferung: Text- und Tafelband, Berlin 1979 (Akademie der Wissenschaften der DDR. Zentralinstitut für Alte Geschichte und Archäologie), Nr. 79/ 92 und 79/ 93.

HIRSCH, Volker: Die Arbeit der Anderen. Nochmals: Was ist eine Residenz im späten Mittelalter?, in: Mitteilungen der Residenzen-Kommission der Akademie der Wissenschaften zu Göttingen 13 (2003), S. 16–22.

KARG, Detlef: Denkmalpflege im Land Brandenburg – zum Umgang mit den Zeugnissen des kulturhistorischen Erbes, in: Denkmalpflege im Land Brandenburg 1990–2000. Bericht des Brandenburgischen Landesamtes für Denkmalpflege und Archäologischen Landesmuseums, Bd. 2 (= Forschungen und Beiträge zur Denkmalpflege im Land Brandenburg, Bd. 5.2), Worms 2001, S. 3–26.

KORFF, Gottfried (a): Objekt und Information im Widerstreit. Die neue Debatte über das Geschichtsmuseum, in: Ders.: Museumsdinge. deponieren – exponieren, hg. v. Martina Eberspächer, Gudrun Marlene König und Bernhard Tschofen, Köln – Weimar – Wien 2002, S. 113–125.

KORFF, Gottfried (b): Aporien der Musealisierung. Notizen zu einem Trend, der die Institution, nach der er benannt ist, hinter sich gelassen hat, in: Ders.: Museumsdinge. deponieren – exponieren, hg. v. Martina Eberspächer, Gudrun Marlene König und Bernhard Tschofen, Köln – Weimar – Wien 2002, S. 126–139.

LANGER, Thomas: Belzig. Aktuelle Forschungsergebnisse zur Baugeschichte der Burg Eisenhardt, in: Brandenburgische Denkmalpflege 6 (1997), Heft 1, S. 66–73.

LETHEN, Helmut: Versionen des Authentischen: sechs Gemeinplätze, in: Literatur und Kulturwissenschaften. Positionen, Theorien, Modelle, hg. v. Hartmut Böhme und Klaus R. Scherpe, Reinbek bei Hamburg 1996, S. 205–231.

LIEBERWIRTH, Rolf: Art. Gefangene, Gefängnis, in: Handwörterbuch zur deutschen Rechtsgeschichte, Bd. 1, Berlin 1971, Sp. 1431–1433.

LUDWIG, Ulrike: Von »beschwerlich gefengnis« und »milder hafft«. Ansichten zur Haft im Inquisitionsprozeß von der Mitte des 16. bis zum Anfang des 17. Jahrhunderts, in: Gefängnis und Gesellschaft. Zur (Vor-)Geschichte der strafenden Einsperrung, hg. v. Gerhard Ammerer, Falk Bretschneider und Alfred Stefan Weiß, Leipzig 2003, S. 100–116.

NEITMANN, Klaus: Die bischöfliche Residenz Ziesar – oder: Wie sich der Bischof von seiner Kathedralstadt Brandenburg trennte, in: Bischofsresidenz Burg Ziesar. Wege in die Himmelsstadt. Bischof – Glaube – Herrschaft 800–1550 (= Veröffentlichungen des Museums für brandenburgische Kirchen- und Kulturgeschichte des Mittelalters, hg. v. Clemens Bergstedt und Heinz-Dieter Heimann, Bd. 2), Berlin 2005, in Vorbereitung.

NEITMANN, Klaus: Was ist eine Residenz? Methodische Überlegungen zur Erforschung der spätmittelalterlichen Residenzbildung, in: Vorträge und Forschungen zur Residenzenfrage, hg. v. Peter Johanek, Sigmaringen 1990, S. 11–43.

PAASCH, Cornelia: Der Burgpark in Ziesar, unter gartendenkmalpflegerischem Aspekt mit Vorschlägen zur Gestaltung (Diplomarbeit, Hochschule Anhalt [FH], Abteilung Bernburg, Fachbereich Landespflege, Landwirtschaft, Ökotrophologie), Bernburg 2000.

PARAVICINI, Werner (Hg.): Höfe und Residenzen im spätmittelalterlichen Reich. Ein dynastisch-topographisches Handbuch, 2 Bde. (= Residenzenforschung, Bd. 15/I), Ostfildern 2003.

PRIEBATSCH, Felix: Staat und Kirche in der Mark Brandenburg am Ende des Mittelalters, in: Zeitschrift für Kirchengeschichte 21 (1901), S. 43–90.

PUHLMANN, Wilhelm: Chronik der Stadt Ziesar, Berlin 1948.

RIEDEL, Adolf Friedrich (Hg.): Codex diplomaticus Brandenburgensis oder Geschichte der Städte, Klöster, geistlichen Stiftungen, adligen Familien und Schlösser der Mark Brandenburg, I. Hauptteil, Bd. 10, Berlin 1856.

SCHICH, Winfried: Art. Ziesar, in: Städtebuch. Brandenburg und Berlin, hg. v. Evamaria Engel, Liselott Enders, Gerd Heinrich und Winfried Schich (= Deutsches Städtebuch, Neubearbeitung, Bd. 2), Stuttgart – Berlin – Köln 2000, S. 569–574.

SCHICH, Winfried: »Zwei Wege von Brandenburg nach Magdeburg« – Eine Straßenkarte von 1688, in: Gedenkschrift für Reinhold Olesch (= Mitteldeutsche Forschungen, Bd. 100), Köln – Wien 1990, S. 139–165.

SCHOBER, Anna: Montierte Geschichten. Programmatisch inszenierte historische Ausstellungen (= Veröffentlichungen des Ludwig-Boltzmann-Institutes für Geschichte der Gesellschaftswissenschaften, Bd. 24), Wien 1994.

SCHÖSSLER, Wolfgang (Bearb.): Regesten der Urkunden und Aufzeichnungen im Domstiftsarchiv Brandenburg, Bd. 1 (= Veröffentlichungen des Brandenburgischen Landeshauptarchivs, Bd. 36), Weimar 1998.

SCHUETZ, Heinrich: Stadt und Schloß Ziesar unter den Bischöfen von Brandenburg, in: Der Bär. Illustrierte Wochenschrift für vaterländische Geschichte 18 (1892), S. 380–382, S. 392f., S. 404–407.

SCHWINEKÖPER, Berent: Art. Ziesar, in: Handbuch der Historischen Stätten, Bd. 11, hg. v. dems., Stuttgart ^{2}1987, S. 528–530.

SITTE, Wilfried: Untersuchung eines Raumes im Hauptgebäude der Burg Ziesar hinsichtlich Baugeschichte, seiner Einbindung in die ehemalige Grund- und Raumstruktur, des Gestaltungsprinzips und des Erhaltungszustands, unveröffentl. Diplomarbeit (Hochschule für Bildende Künste), Dresden 1994.

SITTE, Wilfried: Ziesar. Untersuchungen zum architektonischen Gefüge und zur Fassung des ausgemalten Raumes im Hauptgebäude der Burg, in: Brandenburgische Denkmalpflege 5 (1996), Heft 1, S. 83–90.

STRÁNSKÝ, Zbynek Z.: Die Prinzipien der musealen Ausstellung, in: Neue Museumskunde 24 (1981), S. 33–40.

VÄTH, Paula: Die illuminierten lateinischen Handschriften deutscher Provenienz der Staatsbibliothek zu Berlin Preußischer Kulturbesitz 1200–1350, Teil 1: Text (= Staatsbibliothek zu Berlin – Preußischer Kulturbesitz, Kataloge der Handschriftenabteilung, hg. v. Eef Overgaauw, Reihe 3: Illuminierte Handschriften, Bd. 3), Wiesbaden 2001, S. 10–12.

WEHKING, Sabine und WULF, Christine: Die Graffiti im Gefängnis des Göttinger Rathauses, in: Göttinger Jahrbuch 47 (1999), S. 39–62.

WEHKING, Sabine und WULF, Christine: Die Inschriften und Graffiti des Klosters Marienthal, in: Braunschweigisches Jahrbuch für Landesgeschichte 77 (1996), S. 47–150.

WERNICKE, Ernst (Bearb.): Beschreibende Darstellung der älteren Bau- und Kunstdenkmäler der Kreise Jerichow (= Bau- und Kunstdenkmäler der Provinz Sachsen, Bd. 21), Halle 1898, S. 249–269.

WOCHNIK, Fritz: Die Burgkapelle in Ziesar, in: Zeitschrift für Kunstgeschichte 58 (1991), S. 249–262.

WOCHNIK, Fritz: Die Burgkapellen in Ziesar und Wolmirstedt, in: Burgen und Schlösser. Zeitschrift der Deutschen Burgenvereinigung e.V. für Burgenkunde und Denkmalpflege 1998, Heft 1, S. 24–34.

WOCHNIK, Fritz: Die Kapelle auf der Burg der Brandenburger Bischöfe in Ziesar. Eine Laube in der Architektur der Mark Brandenburg, in: Jahresbericht des Historischen Vereins Brandenburg (Havel) 9 (2000), S. 126–136.

WOCHNIK, Fritz: Ziesar – Wolmirstedt – Ziesar, in: Mitteilungsblatt der Landesgeschichtlichen Vereinigung für die Mark Brandenburg 104 (2003), S. 1–4.

Abbildungsnachweis

Architekturbüro Kühn-von Kaehne und Lange, Potsdam: S. 71, 95–98, 104

Gene Berryhill, Ph. D. Associate professor, Biola University (USA): S. 111, 114 unten

Brandenburgisches Landesamt für Denkmalpflege und Archäologisches Landesmuseum, Wünsdorf: S. 50 oben, 52, 53 (Torsten Volkmann), 51 (Meßbildarchiv, Neg.-Nr. 7e 33/311.6a), 69 oben (Sig. IV 2/60), 69 unten (Dieter Möller), 70 oben (Meßbildarchiv, Neg.-Nr. 7f 13/312.1), S. 74, 75 oben

Stefan Breitling, Technische Universität Berlin: S. 76–78

Domstiftsarchiv Brandenburg: S. 63 (U 440)

ews Stadtsanierungsgesellschaft mbH, Berlin: S. 15

Fachhochschule Potsdam, Projektgruppe Ziesar: S. 108–110, 113, 114 oben

Grün und Design. Klaus-Peter und Marion Manig GbR, Uebigau: S. 14

Kultur- und Heimatverein Ziesar: S. 46

Landeshauptarchiv Sachsen-Anhalt, Magdeburg: S. 50 (Plan barocke Parkanlage 1799, Rep. C 28 III A, Ortskarten Nr. 508)

Thomas Langer, Belzig: S. 35, 42–44, 56 (Suchschnitt)

Lukas Verlag, Berlin: S. 56 (Luftbild)

Dieter Müller, Ziesar: S. 36

Museum im Frey-Haus, Stadt Brandenburg an der Havel: S. 57

Detlev von Olk, Berlin: S. 24, 26–27, 32, 38–39, 68

Hans-Uwe Salge, Brandenburg: S. 57, 63

Wilfried Sitte, Dresden: S. 81–87, 88 oben, 89, 92

Staatsbibliothek zu Berlin – Preußischer Kulturbesitz: S. 45 (Urmeßtischblatt 1842, Nr. 2036), 49 (Grundriß Ziesar vor 1775, SX 36870; Grundriß Ziesar um 1800, SX 36871), 62 (Straßenkarte 1688, Kart. N 10, Bl. 35)

Stadt- und Landesbibliothek Potsdam, Sammlung Brandenburgica: S. 34, 58, 61

Stadt Ziesar: S. 88 unten (Album Schütz)

Stiftung Stadtmuseum Berlin: S. 118

Jan Stradtmann, Potsdam: S. 6, 16–23, 30–31, 41, 59, 70 unten, 75 unten, 99–100, 102–103, 104 oben, 105, 119

Autorenverzeichnis

Clemens BERGSTEDT, Dr. phil., Bischofsresidenz Burg Ziesar, Museum für brandenburgische Kirchen- und Kulturgeschichte des Mittelalters, Kurator.

Walter BITZER, ews Stadtsanierungsgesellschaft mbH Berlin, Geschäftsführer.

Stefan BREITLING, Dr.-Ing., Technische Universität Berlin, Wissenschaftlicher Assistent im Fachgebiet Bau- und Stadtbaugeschichte.

Thomas DRACHENBERG, Dr. phil., Brandenburgisches Landesamt für Denkmalpflege und Archäologisches Landesmuseum Wünsdorf, Gebietsleiter Denkmalpflege.

Heinz-Dieter HEIMANN, Prof. Dr. phil., Universität Potsdam, Philosophische Fakultät, Professur für Geschichte des Mittelalters.

Gerald KÜHN-VON KAEHNE, Architekturbüro Kühn-von Kaehne und Lange, Architekt.

Thomas LANGER, Landkreis Potsdam-Mittelmark, Untere Denkmalschutzbehörde.

Mario MÜLLER, Universität Potsdam, Wissenschaftlicher Mitarbeiter an der Professur für Geschichte des Mittelalters.

Detlev von OLK, Bauhistoriker.

Detlef SAALFELD, Fachhochschule Potsdam, Professur für Innenraum- und Ausstellungsdesign.

Wilfried SITTE, Restaurierungsatelier. Büro für Baupflege, Leitender Restaurator auf der Burg Ziesar.

Martina VOIGT, Berlin-Brandenburgische Akademie der Wissenschaften, Wissenschaftliche Mitarbeiterin.

Torsten VOLKMANN, Brandenburgisches Landesamt für Denkmalpflege und Archäologisches Landesmuseum Wünsdorf, Gebietsreferent, Referat Gartendenkmalpflege.

Stefanie WAGNER, Brandenburgisches Landesamt für Denkmalpflege und Archäologisches Landesmuseum Wünsdorf, Referat Restaurierung/Bauforschung, Fachgebiet Bauforschung.

Bernd Janowski und Dirk Schumann (Hg.)

Dorfkirchen

Beiträge zu Architektur, Ausstattung, Denkmalpflege
(= Kirchen im ländlichen Raum, Band 3)

Standen die Dorfkirchen lange im Schatten der großen Dom-, Kloster- oder Stadt-
kirchen, so sind sie seit einigen Jahren wieder verstärkt in das Blickfeld von Wissen-
schaftlern, Denkmalpflegern und Laien geraten. Neue Ansätze wissenschaftlicher
Betrachtung treffen dabei auf ein verstärktes Engagement zur Erhaltung der oft im
Bestand gefährdeten Sakralbauten.

Die vorliegende Aufsatzsammlung vereint Beiträge aus unterschiedlichen Bereichen der Beschäftigung mit ihnen. Archäologen, Architekten, Denkmalpfleger,
Historiker, Kunsthistoriker und Restauratoren nähern sich mit ihrer jeweils spezifischen Sichtweise dem Thema. Sie alle aber lassen deutlich werden, um was für
ein bedeutendes Kulturgut es sich bei den überkommenen ländlichen Ensembles
aus Bauwerk und Ausstattung handelt.

2004
Broschur, 538 Seiten, 330 Schwarzweißabbildungen
€ 36,–
ISBN 3–936872–21–X

Lukas Verlag
für Kunst- und Geistesgeschichte
Kollwitzstraße 57
D–10405 Berlin

Tel.	+49 (30) 44 049220
Fax	+49 (30) 4428177
E-Mail	lukas.verlag@t-online.de
Internet	http://www.lukasverlag.com

Johannes Cramer, Peter Goralczyk und Dirk Schumann (Hg.)

Bauforschung – eine kritische Revision
Historische Bauforschung zwischen Marketing und öffentlichem Abseits

Als die historische Bauforschung an deutschen Baudenkmälern noch jung war, sah alles einfach aus. Es war eine Methode gefunden, mit der sich noch so verschlungene Baugeschichten entschlüsseln ließen. Mit Hilfe der Dendrochronologie entstanden unzählige absolute Baudaten. Daran hat sich bis heute nichts geändert, doch alles ist anders. Nicht daß die Erwartungen enttäuscht wurden, eher sieht sich die Bauforschung mit Fragen konfrontiert wie: Wem nützen diese Ergebnisse und wer kann die immer umfangreicheren Dokumentationen überhaupt noch verstehen?

Bauhistorische Ergebnisse lassen sich leicht ignorieren. Andererseits gibt es durchaus den Trend, detaillierte Baudokumentationen als Argumentationshilfe für Rekonstruktions- oder Abrißvorhaben einzusetzen. Es hat den Anschein, als stehe die historische Bauforschung an einem Wendepunkt, was nicht zuletzt durch den Einsatz neuer Medien forciert wird. Daraus ergibt sich die Notwendigkeit, kritisch zum Selbstverständnis sowie zu den Möglichkeiten und Grenzen historischer Bauforschung Stellung zu beziehen.

Erscheint ca. 04/2003
Broschur, ca. 360 Seiten, einige farbige und ca. 200 Schwarzweißabbildungen,
Enthält eine CD-ROM
ca. € 36,–
ISBN 3–936872–09–0

Lukas Verlag
für Kunst- und Geistesgeschichte
Kollwitzstraße 57
D–10405 Berlin

Tel.	+49 (30) 44049220
Fax	+49 (30) 4428177
E-Mail	lukas.verlag@t-online.de
Internet	http://www.lukasverlag.com

Veröffentlichungen des Museums
für brandenburgische Kirchen- und Kulturgeschichte des Mittelalters
Band 2

Clemens Bergstedt und Heinz-Dieter Heimann (Hg.)

Wege in die Himmelsstadt

Bischof – Glaube – Herrschaft 800 – 1550

Begleitbuch zur Ausstellung

Glaube und Macht, Bischöfe und religiöses Leben, Landesherrschaft und Kirchenbau: Zu Themen wie diesen äußern sich in siebzehn Beiträgen fachkundige Historiker, Kunst- und Kirchenhistoriker auf dem neuesten Stand der Forschung. Das reich illustrierte Buch schildert die brandenburgische Kirchen- und Kulturgeschichte im Rahmen der westeuropäischen Ereignisse vom Hochmittelalter bis zur Reformationszeit.

Klappenbroschur, 13 x 21 cm, ca. 200 Seiten,
zahlreiche farbige und Schwarzweißabbildungen
Enthält eine CD mit geistlichen Gesängen – aufgenommen in der Burgkapelle Ziesar
Erscheint im Mai 2005
€ 16,90   ISBN 3–936872–40–6

Lukas Verlag